Achtung, Schnarcher, Achtung, an alle, ob alt oder jung Apnoe und viele Atemstillstände, beschleunigen „Dein" Lebensende

Erinnerungen und Erlebnisse eines Handwerkers, sowie Ausschnitte und Berichte aus Tageszeitungen und medizinischen Fachzeitschriften

Werner Steimle-Gruner

Bibliografische Information der Deutschen Nationalbibliothek: Die Deutsche Nationalbibliothek verzeichnet diese Publikation in der Deutschen Nationalbibliografie; detaillierte bibliografische Daten sind im Internet über dnb.dnb.de abrufbar.

© 2020 Werner Steimle-Gruner
Herstellung und Verlag: BoD – Books on Demand, Norderstedt
ISBN 978-3-7504-8740-6

Inhalt

Vorwort

Lange, habe ich überlegt, ob ich meine Geschichte von Anfang bis zum heutigen Tag niederschreiben soll. 20 Jahre wusste kein Arzt, was zu meiner Müdigkeit führte. 20 Jahre von der ärztlichen Seite zu den Hypochonder und Simulanten gerechnet zu werden. 20 Jahre mit familiären Vorwürfen zu leben, macht das Leben nicht lebenswerter. Krank sein oder krank zu werden kam zu keinem Zeitpunkt in Frage, da ich den elterlichen Betrieb übernommen hatte. Deshalb quälte ich mich jahrzehntelang, Müdigkeit und Schläfrigkeit in den Griff zu bekommen. Hilfe konnte ich von keiner Seite erwarten, nicht von Ärzten nicht von der Familie. Um vielen Menschen die an Apnoe leiden und es nicht wissen, eine Hilfe zu sein, den eigenen Zustand zu erkennen, habe ich alles niedergeschrieben, wie alles anfing und bis die Symptome bekannt wurden, was zur Müdigkeit und Schläfrigkeit führte. Ich hoffe, dass viele Leser, ob Mann oder Frau, beim Lesen dieses Buches ihren eigenen Zustand erkennen und ärztliche Hilfe in Anspruch nehmen. Wenn dieses Buch dazu beiträgt körperlichen Schaden und materiellen Schaden durch Unfälle zu verhindern, dann hat es sich gelohnt, über dieses Thema „Apnoe" zu berichten.

Werner Steimle-Gruner

Schnarchen und seine Folgen.

Als Kind und in der Jugendzeit, soweit ich mich erinnern kann, habe ich nicht geschnarcht. Halsweh und Angina hatte ich des Öfteren. Die Mandeln habe ich mir nicht entfernen lassen, habe ich heute noch. Im Lauf der Jahre im Alter um die 20-25 herum, muss bei mir das Schnarchen angefangen haben. Mit zunehmender Leibesfülle und bei abendlichem Alkoholgenuss, wurde das Schnarchen immer stärker. Ich ging deshalb zum Hals-Nasen-Ohrenarzt, um mich untersuchen zu lassen woher das Schnarchen komme. Der Arzt machte mir den Vorschlag die Nasennebenhöhlen, bis zum Rachenraum von Flattergewebe zu befreien, das heißt Gewebe operativ zu entfernen, um durch die vergrößerten Nasennebenhöhlen, durch die Nase bei Nacht mehr Luft zu erhalten. Zum Glück lernte ich in dieser Zeit, Günther kennen der dies beim Hals-Nasen-Ohrenarzt in Reutlingen bei sich machen ließ.

Günther, ein Wanderfreund, ließ sich im Nasen-Rachenraum operieren und Flattergewebe entfernen.

Günther bekam jetzt bei Nacht mehr Luft, jedoch beim Schnarchen hat es nicht geholfen, denn Günther war auch einer der größten Schnarcher in unserem Verein. Aus diesem Grund habe ich auf die Ausräumung des Hals-Nasen-Rachenraum verzichtet. Im Laufe der Jahre, habe ich mich mit den unangenehmen Folgen des Schnarchens, als nicht notwendiges Übel abgefunden. Mit welchen Folgen und Auswirkungen ich zu kämpfen hatte möchte ich nachfolgend beschreiben.

Bei Reisen mit dem Omnibus oder bei Zugreisen bin ich immer nach kurzer Zeit eingeschlafen. Wie lange diese Schlafphase dauerte wusste ich nicht, auf jeden Fall war es kein Tiefschlaf, weil ich laufend und immer am eigenen lauten Schnarchstoß aufwachte Das war mir peinlich, denn vor, hinter und neben mir, lachten sie alle. Das Schlimmste war, ich wollte nicht einschlafen, ich strengte mich an die Augen offen zu halten, es nützte nichts, ich schlief immer wieder ein, um anschließend sofort wieder am eigenen kräftigen schnarchen aufzuwachen. Das konnte 2-3 Stunden bei Bus- und Bahnfahrten andauern. Es war kein Schlafen und kein Wachen und für mich eine beschämende Körperplage. Alle wussten im Laufe der Zeit, dass ich ein sehr starker Schnarcher war.

Mein Schnarchen in der Nacht, ich schlief die ganze Nacht durch, dauerte bis ich morgens erwachte. Das wäre ja nicht schlimm gewesen, doch es hatte andere schmerzhafte Folgen. Im Hals befindet sich das sogenannte „Zäpfchen" das im Hals, nach unten hängt und dafür da ist, dass durch dieses Gaumenzäpfchen wir verschiedene Laute bilden können, wie zum Beispiel „ch" und den „r" der das Zäpfchen zum flattern bringt. Dadurch können wir" Bach, ach, Schnarchen, wachen, machen usw. und beim r, die Worte schnurren, Burren, surren, murren und Radfahren sagen und wenn beide Buchstaben in einem Wort vorkommen wie bei „rumstochern, reinstechen, rausfahren, richtig, rechts", haben wir auch keine Schwierigkeiten. Das Zäpfchen liegt in der Mitte der Gaumensegel und wird im lateinischen als „Uvula „

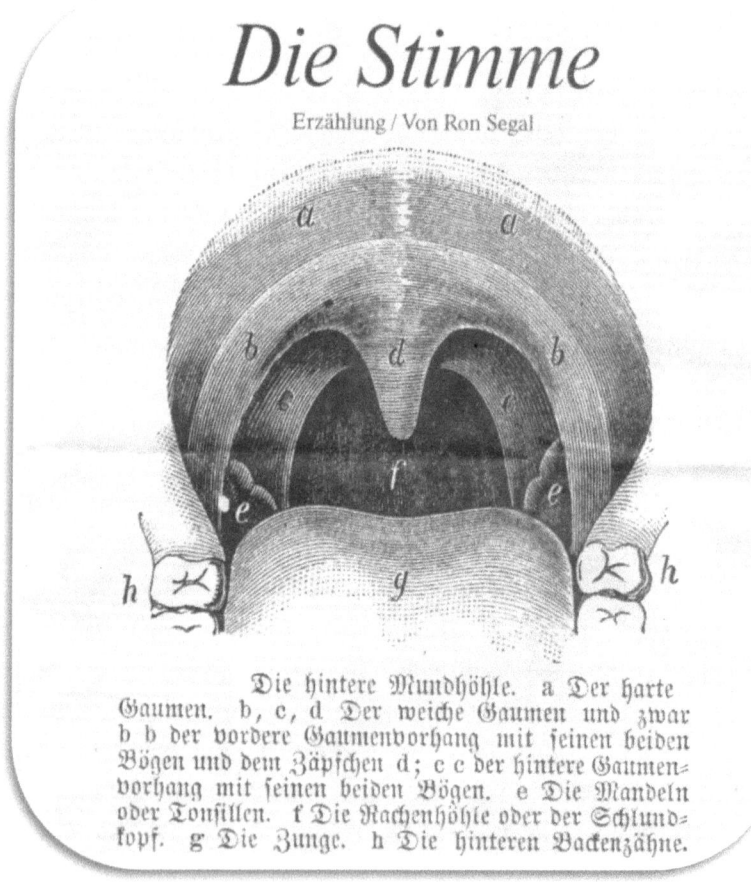

Die Stimme

Erzählung / Von Ron Segal

Die hintere Mundhöhle. a Der harte Gaumen. b, c, d Der weiche Gaumen und zwar b b der vordere Gaumenvorhang mit seinen beiden Bögen und dem Zäpfchen d; c c der hintere Gaumen= vorhang mit seinen beiden Bögen. e Die Mandeln oder Tonsillen. f Die Rachenhöhle oder der Schlund= kopf. g Die Zunge. h Die hinteren Backenzähne.

bezeichnet. Dieses Zäpfchen hing nicht mehr nach unten, war durch die nächtliche starke Schnarcherei, auf Daumendicke angeschwollen und zeigte im Hals nach oben und war bei geöffnetem Mund gut sichtbar. Das schmerzhafte in dieser Situation war, ich konnte in dem Zustand nicht mehr schlucken, weder Kaffee trinken, viel weniger Brot essen, ja, überhaupt ging nichts mehr den Hals hinunter. Ich musste oft eine Stunde warten bis das Zäpfchen abgeschwollen war und seine normale Lage nach unten hängend wieder einnahm. Der Übergang von oben nach unten war immer sehr schmerzhaft, das Zäpfchen musste ja hinuntergeschluckt werden. Wenn es dann unten war, konnte ich als erstes, einen Tee oder Kaffee wieder zu mir nehmen. Bis zur Vesperzeit um 9 Uhr war das Zäpfchen dann soweit abgeschwollen, um Wurst und Brot wieder hinunter zu bekommen.

Bei Ausfahrten mit dem „Schwäbischen Albverein" oder der „Skizunft Betzingen", wussten ja alle, dass ich ein Schnarcher bin, deshalb wurde ich immer in das Zimmer eingeteilt in dem die größten Schnarcher schliefen. Es machte mir nichts aus, zum Glück konnte ich immer schnell einschlafen, hörte von den anderen Schnarchern nichts mehr und deshalb war es mir egal, ob ich bei Günther, Manne und seinem Bruder Heini im gleichen Zimmer schlief. Nur die morgendliche Behinderung mit dem Zäpfchen machte mir weiterhin zu schaffen.

Eine Nacht in den Dolomiten

Auf einer Ausfahrt in die Dolomiten übernachteten wir auf der Rosengartenhütte in der Nähe der „roten Wand". Hier gab es keine Zimmer, sondern größere Räume mit Stockbetten mit eingehängten Stahlrahmen auf dem die Matratzen lagen, war auf jeden Fall besser wie ein Matratzenlager wo alle in Reih und Glied nebeneinander liegen und der eine dem anderen bei Nacht, wenn sich einer dreht, anschubst oder auch anfurzt. In dem Zimmer waren 8 Stockbetten für 16 Wanderer.

Die Rosengartenhütte, war das Ziel unserer Ausfahrt.
Von hier starteten wir unsere täglichen Wanderungen.

Das Problem war, als ich am anderen Morgen aufwachte, musste ich feststellen, dass mein Stahlrost mit der Matratze nicht mehr im

Stockbett hing, sondern ich alleine auf „weitem Flur" wie im Volksmund gesagt wird, ich tatsächlich auf dem Hüttenflur aufwachte. Das war für mich schon ein schreckliches Erleben und dazu auch noch mit einem stark angeschwollenem, schmerzhaften Zäpfchen im Hals. Was war in der Nacht mit mir geschehen?

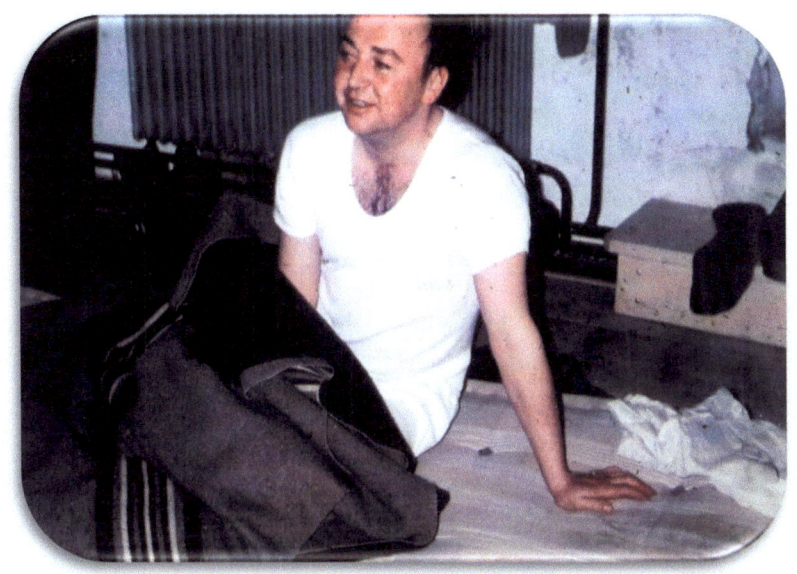

Eines Morgens erwachte ich auf dem Flur.

Folgendes wurde mir dann berichtet. Ab 10 Uhr war auf der Hütte absolute Ruhe, da der Hüttenwirt das Stromagregat abschaltete und wir gezwungener Maßen mit unseren Taschenlampen uns in den Schlafraum begaben. Mein Platz war im unteren Teil des Stockbettes. Ich zog mich aus und legte mich auf die Matratze, deckte mich mit dem Teppich zu und muss auch gleich eingeschlafen sein. Aber sofort hätte ich ein Schnarchkonzert angefangen, bei dem kein Mensch einschlafen konnte, so wurde es mir berichtet. Das komische und rätselhafte für die Anderen im Schlafraum war, ich sei eingeschlafen, hätte sofort mit einem kräftigen Schnarchen losgelegt, das immer so 2-3 Minuten dauerte, dann immer leiser wurde und ich nach dieser Zeit überhaupt nicht mehr geschnarcht und was für die Anderen noch viel schlimmer war, dass ich aufgehört hätte zu atmen. Alle seien sie um mich herumgestanden, weil sie dachten, dass ich ersticke, doch nach 20-30 Sekunden hätte ich mit einem explosionsartigen Schnarchen wieder zum normalen Schnarchen zurückgefunden. Dieses Schnarchen, dann wieder nicht mehr atmen, dann wieder schnarchen, hätten sie sich fast eine halbe Stunde angehört und dann gemeinsam beschlossen mich aus dem Schlafraum zu entfernen. Sechs oder acht Mann, ich weiß es ja nicht wie viele haben mich dann mitsamt dem Stahlrost und der Matratze in den Flur hinausgetragen und mit dem Teppich zugedeckt. Von alledem habe ich überhaupt nichts mitbekommen. Ja so erging es mir in der ersten Nacht, aber was sollte aus den folgenden Nächten werden? Ich musste mir etwas überlegen und einfallen lassen, ich wollte ja nicht wieder bei Nacht auf dem Hüttenflur landen. Die Lösung war und die funktionierte auch die folgenden Tage. Als letzter ging ich immer in den Schlafsaal, zog mich langsam und leise aus, habe im Schein der Taschenlampe noch etwas gelesen, habe immer dann gewartet bis die Anderen eingeschlafen und geschnarcht haben und habe dann mit meinem Schnarchen in das Schnarchkonzert der Anderen im Schlafraum eingestimmt. Die Anderen hatten ja keine Atemstillstände, sondern „sägten gleichmäßig die ganze Nacht den

Wald um", wo dann meine Einzelsäge nicht mehr so stark gehört wurde.

Heilbronner Weg - Rappenseehütte

Der Heilbronner Weg ist im Allgäu ein bekannter Höhenweg, der je nach Witterung nicht ungefährlich ist. Mit Kurt und Inge, Wolfram und Sabine, waren wir eine 5er Gruppe, die in Birgsau, in die Wanderung eingestiegen ist. Vorbei an der Enzianhütte 1804 m erreichten wir nach mehreren Stunden unser erstes Ziel die Rappenseehütte 2019 m hoch.

Die Rappenseehütte , Ausgangspunkt und Einstieg in den „Heilbronner Weg"

Nach einem leckeren Nachtessen, verbrachten wir den Abend mit verschiedenen Spielen. Meine 4 Wanderer verließen mich so gegen 10 Uhr und gingen auf das uns zugewiesene und vorbestellte

Zimmer. Ich habe mich dann einer Gruppe angeschlossen, die noch einen Mitspieler für`s „Binokel" suchte. Ich wusste ja, dass ich schnarchte und wollte deshalb so spät wie möglich auf`s Zimmer um die anderen in ihrer Nachtruhe nicht zu stören. So um 12.30 Uhr haben wir dann mit binokeln aufgehört. Vor dem Zubettgehen ging ich nochmals vor die Hütte um zu schauen, ob sternenklar oder bedeckter Himmel vorhanden ist, das ja oft entscheidend für das Wetter am anderen Tage ist.

Es war ein bedeckter Himmel, kein gutes Zeichen für den morgigen Tag. Ganz plötzlich hörte ich ein leises Wimmern neben mir und als ich näher heranging war es ein weinendes junges Mädchen.

Links vom Eingang, stand das Mädchen und weinte.

Auf meine Frage warum sie weine, wollte das Mädchen nicht gleich antworten. Auf meine Frage, das Weinen mitten in der Nacht muss doch einen Grund haben. Ja, sagte sie, der Bergführer ihrer Gruppe, schaue sie nicht mehr an, beachte sie überhaupt nicht mehr, rede

17

nicht mehr mit ihr und „der" sei letzten Winter ihre große Liebe gewesen und deswegen versuche sie noch in dieser Nacht sich das Leben zu nehmen. Es sei aber sehr dunkel und sie wisse nicht in welche Richtung es zu einem steilen Felsabsturz gehe von dem sie hinunterspringen könne. Das war für mich zu später Stunde eine heikle und schwierige Situation. Das junge Mädchen hat wenigstens auf meine Frage geantwortet, also werde ich weiterfragen. Wo sie den Einstieg in den Heilbronner Weg begonnen habe wollte ich wissen und ob sie auf der Wanderung nach oben an der Enzianhütte vorbeikamen und die wunderschönen Täler und die majestätischen Berge gesehen habe. Das habe sie alles nicht richtig wahrgenommen, weil sie nur immer den Bergführer beobachtet habe, wie er mit einem anderen jungen Mädchen anbandelte, liebäugelte und auch einmal es kurz an sich drückte. Der Bann des Schweigens war gebrochen. Inzwischen war es 1:00 Uhr geworden. Die Temperatur sank unter 0 Grad, da machte ich dem Mädchen den Vorschlag im Haus weiterzureden, wo die Temperatur angenehmer sei und sie mir dann ihr Problem und ihre Enttäuschung weiter berichten könne. Ich ging zurück in die Hütte und tatsächlich das Mädchen folgte mir. Das war ein erster Erfolg dachte ich, das Mädchen von ihren Suizidgedanken abzulenken. Leider war in der Gaststätte kein Licht mehr, wir vier Binokler waren ja die letzten Gäste die das Lokal verließen. Ich versuchte eine Treppe tiefer, ob da ein Raum wäre wo wir beide miteinander reden könnten und da hatte ich Glück, gleich die erste Türe führte in den Heizraum. Auch eine kleine alte Holzbank, Schneeschaufeln und Besen waren hier deponiert. Wir setzten uns auf die Holzbank. Es war angenehm warm im Heizraum und ich sagte zu dem Mädchen,

18

so jetzt erzähle mir mal die ganze Geschichte, warum du so großen Liebeskummer hast und dein Leben wegwerfen willst. Was wäre wenn du bei dieser Kälte irgendwo unterhalb eines Felsens liegen würdest und gar nicht tot wärst, du Schmerzen hättest, du schreien würdest und niemand hört dich oder du wärst in der Nacht in den Rappensee hineingetaumelt und ertrunken. Die Wärme im Heizraum hat das Mädchen aufgetaut. Sie haben recht sagte sie zu mir, ja das wäre ein bitteres Ende gewesen. Nun erzählte sie mir die ganze Geschichte. Es war im Februar als sie einen Skikurs in Oberstdorf buchte. Am Fellhorn, an der Kanzelwand, am Nebelhorn seien sie Ski gefahren und sie durfte immer gleich hinter dem Skilehrer abfahren. Wenn sie einmal gestürzt sei, war der Skilehrer gleich da, um ihr beim aufstehen zu helfen. Wir sind uns nicht nur auf der Piste nähergekommen, auch abends nach dem Nachtessen haben wir uns in einem Tanzlokal getroffen. Jeden Abend tanzten wir, am Schluss immer ganz eng umschlungen und das war wunderbar. Die letzten zwei Tage verbrachten wir nach dem tanzen gemeinsam bis in die frühen Morgenstunden im „weiter kam sie nicht, denn sie fing wieder an zu weinen". Sie beruhigte sich aber gleich wieder und erzählte weiter. Diese Stunden gemeinsam mit dem Skilehrer werde sie nie vergessen. Nach Beendigung des Skikurses verabschiedeten sie sich mit Küsschen und dem Wunsch sich einmal wiederzusehen. Zu dieser Hüttenwanderung von Hütte zu Hütte hätte sie sich nur angemeldet, weil der Skilehrer vom Winter diese Tour als Bergführer begleite. Welche Enttäuschung haben Sie da mitgemacht, sagte ich zu ihr. Das Schlimmste aber war heute Abend nach dem Essen, als der Bergführer mit dem Mädchen, mit dem er immer liebäugelte, verschwand und erst wieder nach einer Stunde zurück in die Gaststube kam. Und so wie ich ihn kennengelernt habe, weiß ich genau was da passiert ist und warum er mich nicht mehr beachtet. Ich hatte das Gefühl, dass das Mädchen ihren Liebeskummer von der Seele geredet hat und wieder ansprechbarer war. Ich sagte zu ihr, dass sie ein schönes Mädchen sei und es doch viele Jungen gäbe wo sie die Auswahl hätte einen lieben Jungen zu finden, mit dem sie sich versteht und mit dem sie auch noch viele Stunden, Tage und Jahre verbringen könne und doch nicht mit einem Skilehrer oder Bergführer, der in fast jedem Kurs mit einer anderen liebäugelt und in die Kiste geht. Das hat dem Mädchen gut getan, denn sie hat zum ersten Mal wieder etwas gelächelt. Die Uhr blieb an diesem Abend ja nicht stehen wie bei zwei Liebenden, es war ja auch keine Besenkammersituation, wie bei bekannten Tennis- und Fußballspielern, es war einem verzweifelten Menschen, die Rückkehr in die Wirklichkeit zu ermöglichen. Es war 2:00 Uhr und das Mädchen musste mir versprechen aufs Zimmer zu gehen, die restlichen Stunden zu schlafen, das hat sie mir versprochen. Am anderen Morgen war die Gruppe, bevor wir mit unserer Gruppe zum Frühstück kamen, schon aufgebrochen zur Wanderung auf eine neue Hütte. Das war so eine Zwischengeschichte bevor ich selbst um 2:00 Uhr mein Zimmer aufsuchte. Leise öffnete ich die Türe um meine vier Mitwanderer nicht aufzuwecken. Ich zog mich aus, Schlafzeug angezogen, legte mich ins Bett und bin auch gleich eingeschlafen. Um halb 7 Uhr bin ich aufgewacht und musste feststellen, dass alle Betten leer waren, Kein Kissen, keine Decke war auf der Matratze. Die Anderen sind doch nicht ohne dich weitergewandert, das kann nicht sein, das gibt es unter Freunden nicht. Doch plötzlich kurz vor 7 Uhr kamen alle vier ins Zimmer herein und ein jeder hatte das Kopfkissen und die Decke unter dem Arm. Das war eine andere Situation wie auf der Rosengartenhütte in den Dolomiten, wo die Anderen mich auf den Flur hinausbefördert haben. Ich habe alle kurz nach 2 Uhr in die Flucht geschlagen. Jetzt musste ich was über mich ergehen lassen. Kurz nach 2 Uhr hätte ich ein Schnarchkonzert begonnen, das nicht auszuhalten gewesen sei. Alle seien sie aufgewacht und nicht mehr eingeschlafen. Explosionsartig mit lauten Schnarchstößen in verschiedenen Tonlagen hätte ich immer begonnen, dann immer leiser werdende Töne von mir gegeben, bis gar nichts mehr zu hören war. Da dachten sie jetzt ist Ruhe, nach jeder Schnarchpause kamen aber wieder wie ein Überfall aus heiterem Himmel die explosionsstarken lauten Schnarchstöße. Die Vermutung meiner Schlafgenossen war jetzt, dass sie sagten: „In den Schnarchpausen holt der wieder kräftig Luft, um den Schnarchprozess mit gewaltigen lauten Schnarchtönen zu eröffnen". Welch eine falsche Meinung war das zu damaliger Zeit, gerade das Gegenteil war der Fall. In den Schnarchpausen habe ich gar nicht mehr geatmet, wie später festgestellt wurde. Dieses Hin und Her, Fortissimo über Piano bis zu tonlos und abwechselnd so alle 5 Minuten war der Grund warum Kurt und Inge, Wolfram und Sabine, nachts nach 2 Uhr Kissen und Decken nahmen und sich nach unten in den Gastraum verzogen haben. Im Gastraum hatte es ja keine Gäste mehr, deshalb konnten sie auf den Bänken ihr Nachtlager aufschlagen. Es war wohl etwas härter als die Matratze, jedoch auf jeden Fall ruhiger und ohne ein Schnarchkonzert mit vielen Unterbrechungen. Nach dem Frühstück wurde das Wetter schlechter. Wir konnten den „Heilbronner Weg" nicht weitergehen, da es kälter wurde und mit Frost, Schnee und

Vereisung zu rechnen war. Wir haben den Rat des Hüttenwirts befolgt und sind dann wieder Richtung Birgsau abgestiegen.

Die bellenden Hunde

In den 60er Jahren waren die Arbeitskräfte im Handwerk so knapp, dass auf Arbeiter aus Italien, Spanien und Jugoslawien ausgewichen wurde. Simon war ein Slowene, wohnte in Mostar in der Nähe von Ljubljana. Jahrelang machten wir Urlaub in Villach und in einem dieser Urlaube besuchten wir Simon, der sich sehr freute, dass der Chef zu ihm auf Besuch kam. Es war ein kleines Dorf in dem Simon wohnte. Die Häuser waren weit auseinander. Gehwege und geteerte Straßen gab es nicht, es waren alles Schotterwege. Auch zu den Häusern führten schmale Schotterwege. Die Bewohner hatten ja keine Autos, deshalb gab es auch keine Garagen, dafür viele Hütten aller Art, Hühnerställe, Hasenställe, Sauställe und Pferde- und Viehställe. Ich glaube Simon hat erzählt, dass sein Chef ihn besucht, denn kaum waren wir angekommen kamen die Ortsbewohner angelaufen und begrüßten uns auf herzlichste. Simon sagte, dass alle noch keinen Mercedes gesehen haben, ja, das Interesse am Auto war sehr groß. Abends gingen wir mit Simon und seiner Frau ins Dorfgasthaus. Es war ja Sommer und die Abendstunden waren angenehm warm, deshalb blieben wir in der Gartenwirtschaft unter Kastanienbäumen. Vier eingeschlagene Holzpfosten, verbunden mit Querlatten über Kreuz angenagelt und darüber zwei stabile Bretter genagelt, das waren die Tische. Im gleichen System waren auch die Bänke angefertigt, nur über sechs eingeschlagenen Holzpfosten war ein Brett genagelt. Einfach und stabil, es waren so ungefähr fünf Garnituren wenn man so sagen kann, die waren fest positioniert wie bei „Goethes Glocke" wo es heißt „festgemauert in der Erde" ohne wackeln, steht der Tisch aus Holz gebaut in der Gartenwirtschaft mit dem Erdreich verbunden, an ein umfallen musste nicht gedacht werden. Natur pur, trotzten Tisch und Bank, Sommer und Winter, jederzeit bei schönem Wetter bereit, Feste wie sie fallen zu feiern. Als wir uns der Gastwirtschaft näherten, hörten wir von ferne lautes Sauen Gequitsche. Beim Erreichen der Gartenwirtschaft konnten wir mit ansehen, wie drei Männer zwei Sauen aus der Gartenwirtschaft hinaustrieben, in den neben dem Haus stehenden Saustall. Immer wieder sind die Sauen vor dem Saustalleingang ausgebüchst und quitschend durch die Gartenwirtschaft gesprungen, ja, Schweine sind ja nicht so dumm, denen hat es in der Gartenwirtschaft besser gefallen als in dem engen dunklen Schweinestall. Vielleicht wurden die Sauen herausgelassen um die Reste, die unter den Tischen und um die Tische herumlagen aufzufressen, besser gesagt aufzuräumen. Eine sogenannte Müllentsorgung tierischer Art, zuständig für noch essbare weggeworfene Lebensmittel des letzten stattgefundenen Dorffestes. Keine halbe Stunde hat es gedauert, dann waren alle Plätze der Gartenwirtschat besetzt. Das hat sich wahrscheinlich auch herumgesprochen, dass Simons Chef hier einkehrt. Nicht nur wir waren da, auch einige Hunde streiften in der Gartenwirtschaft umher, wartend, wie der „arme Lazarus" ob etwas von der Reichen Tische fällt. Keine rassenreinen, nein Promenadenmischlinge aller Art, angefangen vom Dackel bis zum Schäferhund mit hängenden Schlappohren. Über Simon ließ ich zu den anwesenden Dorfbewohnern sagen, dass der Wein, der getrunken wird, von mir bezahlt werde. Das war ich Simon der ein guter Arbeiter war und seinen Freunden im Dorf schuldig. Da war die Freude und natürlich auch der Durst größer als an anderen Tagen. Als dann meiner Meinung nach alle genug hatten, einige vollauf genug hatten, habe ich den getrunkenen Wein bezahlt. Erstaunlich wie billig und gut der selbstgemachte Hauswein war und schmeckte. Vor Mitternacht verabschiedeten wir uns von den noch Anwesenden und begaben uns in unser Nachtquartier. Es war kein Hotel, kein Haus mit Fremdenzimmern, bei Simon hatte es auch keinen Raum wo wir schlafen konnten, es sah von außen aus wie eine Scheune und so war es auch. Im unteren Teil waren landwirtschaftliche Geräte untergebracht, jedoch hinter den Geräten führte eine schmale Holztreppe nach oben in einen Raum in dem vier Betten standen, ein Tisch und vier Stühle, sowie in einem kleinen Raum eine Toilette ohne Wasserspülung, genau wie bei uns zu Hause vor 50 Jahren, ein Klo mit Holzdeckel und danebenstehender Bürste und einem Wassereimer. Im Zimmer suchte ich mir das Bett an einem Fenster aus, da ich gern bei Nacht an einem offenen Fenster schlafe. Es gab nur einen Wasserhahn, um den Eimer mit Wasser für die Spülung im Klo zu füllen. Kein Waschbecken, keinen Spiegel, also fiel die abendliche Toilette aus. Wir zogen uns aus, hängten unsere Klamotten über die Stühle und begaben uns in die Betten. Echte noch vom Schreiner selbstgemachte stabile Holzbetten, mit eingelegter weiß überzogener Sprungfedermatratze, einem Kopfkissen und zwei Teppichen als Zudecke. Ich machte mir noch Gedanken, warum ist diese Scheuer am Rande des Dorfes und nicht in der Mitte? Warum sieht die Scheuer von außen so bescheiden aus, man vermutet darüber kein Zimmer und ein Klo? Warum ist die

Einrichtung so dürftig, unten Geräte und in der Ecke eine kleine fast nicht sichtbare Treppe nach oben? Meine Erinnerungen gingen Jahre zurück, in die Zeit als Tito der spätere Herrscher über Großjugoslawien war. Vor dieser Zeit kämpfte Tito als Partisan gegen die deutschen Besatzer und Nationalsozialisten, also gegen die Braunen. Da nicht weit weg ein großes Waldgebiet begann, war meine Vermutung, dass in dieser Scheune die Partisanen übernachtet haben könnten. Auf Grund des guten Weines, schlief ich auch gleich ein. Doch plötzlich wurde ich wieder wach, ich hörte Hundegebell von einem, zwei, drei und noch mehr Hunden, anzuhören wie ein mehrstimmiges Hundegebell, ein Konzert von leisem schwachen, bis zu lautem kräftigem bellen, alles durcheinander. Ich konnte nicht mehr schlafen, meine Frau wachte auch auf. Wir waren besorgt, was sich wohl vor der Scheuer abspielte. Eine gewisse Angst kam, ob hier Dorfbewohner in Streit gerieten und das mit unserem Besuch zu tun hatte. Ich stand auf und ging zum offenstehenden Fenster. Kein Mensch war vor der Scheune, nur ungefähr 6-8 Hunde, aller Rassen und Größe, wahrscheinlich die gleichen wie in der Gartenwirtschaft. Und alle bellten zu mir hoch, als ich durch das Fenster schaute. Ich rief ihnen zu: „Ruhe, Ruhe verschwindet schnell, schnell" und machte mit der Hand die Bewegung, dass sie abhauen sollen. Alle hörten auf zu bellen, einige entfernten sich auch von der Scheune. Ich ging wieder ins Bett und schlief auch gleich wieder ein. Es dauerte wahrscheinlich keine halbe Stunde, da ging das Hundegebell wieder aufs Neue los. Ich stand wieder auf, schaute durchs Fenster und wie vorher stand die ganze Menge Hunde wieder bellend und nach oben schauend, mich an und wieder redete ich, sie sollen verschwinden und wieder wurde es still. Meine Frau konnte ab dem ersten Hundegebell nicht mehr einschlafen. Sie berichtete mir jetzt, dass als ich einschlief und nach kurzer Zeit mit schnarchen begonnen habe, dann aber auch die ersten Hunde wieder zu bellen anfingen. Als mein Schnarchen immer stärker wurde, seien es immer mehr Hunde geworden die dann lautstark gebellt haben. Meine Frau sagte: „ Das Bellen der Hunde muss mit deinem lauten Schnarchen zusammen hängen". Ich konnte ja selbst nicht beurteilen wie laut mein Schnarchen war, jedoch den Hunden muss es vorgekommen sein, dass da ein großes Tier sich in der Scheune befindet, vielleicht ein grunzendes Schwein, ein Fuchs oder ein Dachs. Im Volksmund wird ja gesagt „der schläft wie ein Dachs". Ob Dachse in ihrem Bau auch schnarchen, das weiß ich nicht. Auf jeden Fall so konnte es in der Nacht nicht weitergehen. Schnarchen, Hundegebell, Ruhe, immer wieder aufs Neue beginnend. Es war in der Zwischenzeit 3 Uhr geworden, als meine Frau, die ja auch immer an meiner Schnarcherei aufwachte und nicht gleich wieder einschlafen konnte, meinte, es sei in der Zwischenzeit im Zimmer etwas kühler und angenehmer geworden, ich solle doch einfach das Fenster zumachen. Das habe ich befolgt und legte mich dann wieder ins Bett. Erst morgens um 7 Uhr bin ich wieder wach geworden. Ob meine Frau gleich wieder eingeschlafen ist, habe ich nicht mehr mitgekriegt. Nach dem Schließen des Fensters haben die Hunde, obwohl ich weiterschnarchte, nicht mehr mit Bellen angefangen und meine Frau hat dann ohne das Hundegebell, auch noch zu ihrem Schlaf gefunden. Meine Schnarcherei war sie ja schon jahrelang gewöhnt. Dass Schnarchen, für den Danebenliegenden, nicht angenehm ist und eher zu einer „störenden Nachtruhe" wird ist auch verständlich. Um dem zu entgehen ist es auch verständlich, wenn Eheleute in getrennten Zimmern schlafen, um ihre Ehe nicht aufs Spiel zu setzen und so manchen Streit zu vermeiden. Es soll ja auch nach dem Ehemann schlagende Frauen geben, die durch das hinüberschlagen auf den Ehemann das Schnarchen für eine gewisse Zeit unterbrechen. Doch bei Wiedereinritt der Schnarcherei, so mancher Schnarcher durch die danebenliegende nach dem Ehemann schlagende Frau eine blutige Nase bekommen hat.

Zu ärztlicher Behandlung

Als ich ungefähr 40 Jahre alt war, kam zu dem Schnarchen, tagsüber eine Müdigkeit hinzu, die mir rätselhaft war, weil die kam, obwohl ich die ganze Nacht ausgiebig geschlafen hatte.

Es kam fast täglich vor, dass ich morgens beim Frühstück und beim Zeitung lesen einfach eingeschlafen bin. Hatte ich abends aus welchem Anlass auch immer 2-3 Viertel Rotwein getrunken, musste ich von meiner Frau immer hören, trink nicht so viel, dann schläfst du nicht schon am Morgen wieder ein. Das tat mir, mit der Zeit immer den gleichen Vorwurf zu hören, innerlich sehr weh.

Auch im Betrieb kam es öfter vor, dass ich einfach am Schreibtisch einschlief, egal ob es Vormittag oder Nachmittag war.

Aufgrund dieser tagsüber eintretenden Müdigkeit, entschloss ich mich nach Reutlingen zu dem damals bekannten Nervenarzt Dr. Schäfer zu gehen. Dr. Schäfer untersuchte mich gründlich, fand aber nichts krankhaftes an mir, überwies mich zur Vorsicht nach Tübingen in die Nervenklinik und in das Tropeninstitut. In Tübingen wurde festgestellt, dass alle Blutzugänge durch die Schädeldecke und alle Abgänge ebenfalls gut funktionieren und ich keinerlei Hirn- oder Nervenschäden hatte. Der Grund meiner Müdigkeit wurde auch hier nicht herausgefunden. Nach diesem Bericht aus Tübingen kam Dr. Schäfer zu dem Ergebnis, dass ich in allen Organen gesund sei. Dem Arztbericht an meinen Hausarzt musste ich entnehmen, dass er mich in die Sorte der Hypochonder, das heißt der Drückeberger und Faulenzer einstufte. Diese Diagnose tat mir genauso weh, wie die Vorwürfe meiner Frau. Zu damaliger Zeit hatte ich einen Betrieb mit 15 Mitarbeitern und war zuständig für Aufmaß, Produktion, Montage und Abrechnung, von Simulation oder Arbeitsscheue war überhaupt nicht die Rede und kein Anlass vorhanden. Die Diagnose des Dr. Schäfer konnte somit überhaupt nicht stimmen, ich fühlte mich mit meiner Müdigkeit, dem Schnarchen und allen daraus entstehenden Beschwerden und Nachteilen alleingelassen.

In den darauf folgenden 10 Jahren wurde mein Zustand nicht besser, sondern von Jahr zu Jahr immer schlimmer.

Bei einer Fahrt nach Stuttgart musste ich einmal anhalten, weil ich so müde war und dem Einschlafen nahe war. Nach einer Schlafpause von einer halben Stunde war ich dann wider fit und fuhr weiter. Meine Frau bemerkte mein Problem des Einschlafens beim Autofahren sehr bald und begleitete mich auf allen größeren Strecken.

Zu damaliger Zeit hielt ich Tagesseminare in Betriebswirtschaft mit Schwerpunkt auf die Zeiterfassung und die anschließende Auswertung, in verschiedenen Handwerkskammern für Meisterschüler. Diese Fahrten gingen nach Schweinfurt, Regensburg, Würzburg, Passau, Aschaffenburg, Berlin nach Norddeutschland und in die neuen Bundesländer. Um auf diesen Fahrten nicht einzuschlafen fuhr meine Frau mit und fütterte mich mit Keksen, Nüssen, Apfelschnitten und reichte mir zwischendurch zu trinken. Diese Tätigkeit der Nahrungsaufnahme verhinderte während der Fahrt das Einschlafen. Nach ungefähr 80 km war immer eine Schlafpause notwendig. Bei so einer Schlafpause wusste meine Frau immer genau wie lange ich schlief, weil wenn ich schlief ich sofort schnarchte.

Das Autofahren auf langen Strecken war für mich eine Quälerei. Ich kämpfte immer wenn ich alleine unterwegs war mit dem einschlafen. Es kam manchmal soweit, dass ich dachte, du kannst doch auf einer geraden Strecke immer 2-3 Sekunden die Augen schließen, also kurz einnicken und dann wieder aufwachen. Zum Glück habe ich das nicht ausprobiert und bin immer bei solchen Gedanken bei der nächsten Ausfahrt rausgefahren oder habe den nächsten Parkplatz aufgesucht, um eine Schlafpause einzulegen. Fast täglich liest man ja in der Zeitung von Unfällen die durch den Sekundenschlaf verursacht wurden. Doch ein paarmal muss es doch passiert sein, so im Halbschlaf, ich fuhr auf der Autobahn in Richtung Kassel und wusste genau, dass ich am „Bibeler Kreuz" das ungefähr 10 km nach Würzburg kam, die Autobahn wechseln musste, sollte, ja im Halbschlaf und vor lauter Müdigkeit konnte ich an der Autobahnkreuzung die Augen kaum noch offen halten und fuhr in diesem dösenden Zustand gerade aus. Erst kurz vor Nürnberg wurde mir klar, dass ich das „Bibeler Kreuz" überfahren hatte. Beim Termin in Kassel kam ich dann 2 Stunden später an.

Ein anderes Mal kam ich von Stuttgart, nahm eine Abkürzung die von Metzingen kommend, von der Landstraße Metzingen – Rommelsbach links abbog und in die Rottweiler Straße, die durch Orschel-Hagen führte.

Ich dachte durch die Abkürzung bist du schneller zu Hause. Ich war hundemüde. Das hätte schief gehen können, denn plötzlich wurde das Auto durchgeschüttelt, das Steuer hatte es mir fast aus den Händen gerissen, ja, da musste ich wirklich einen Sekundenschlaf gehabt haben, denn ich bin über die Bordsteinkante auf den Gehweg gefahren und hatte großes Glück, dass zu diesem Zeitpunkt niemand auf dem Gehweg lief.

Im Sekundenschlaf fuhr ich auf diesen Gehweg.

Auf einer Urlaubsfahrt in die Toskana war meine Frau sehr beschäftigt mich zu überwachen, wenn ich Ermüdungs-erscheinungen hatte. Sie merkte es immer zuerst wenn mir die Augendeckel nach unten gingen oder wenn ich zu oft gähnen musste oder mich über die Stirn fuhr oder mit den Fingern an den Ohren kratzte. Außer der üblichen Fütterung mit Keksen und Apfelscheiben, hatte sie eine neue Methode erfunden. Mit einer Blumenspritze, bespritzte sie mich, von Zeit zu Zeit, den Kopf und die Arme, mit Wasser. Durch die anschließende Verdunstungskälte wurde ich auch wach gehalten und wir erreichten unser Ziel in der Toskana.

Oftmals, wenn ich alleine unterwegs war, habe ich die Scheiben heruntergedreht, das Radio angemacht und laut mitgesungen, auch wenn es draußen kalt war, das hat einen dann wachgekühlt und hat einen dann bis zur nächsten Halte- oder Schlafpause gebracht.

Es vergingen seit meinem letzten Arztbesuch genau 10 Jahre und meine Müdigkeit am Tag wurde nicht besser sondern immer stärker. Die Vorwürfe meiner Frau wurden immer heftiger. Ich machte mir selbst Vorwürfe, wenn ich abends in Gesellschaft ein paar Gläser Wein getrunken habe. Im Betrieb schlief ich während der Arbeit ein. Wenn ich Bestellungen und die dafür notwendigen Bestelllisten ausfüllte, wurde meine Schrift immer schwächer, es waren keine Buchstaben mehr, sondern nur noch Striche von auf und ab, die zuletzt als schwarzer Punkt auf der Bestellung sichtbar waren.

Eine Bestellung , die ich so nicht abschicken konnte.

Die Folge war, ich musste des Öfteren die Bestellungen neu schreiben. Bei Beerdigungen, wenn vor mir lauter schwarze Anzüge und Frauenkleider waren, dauerte es meist nicht lange bis ich einnickte oder wenn meine Frau daneben saß ich mit Rippenstößen von den Ellenbogen meiner Frau rechnen konnte.

Als ich dann die 3 km, vom Betrieb in Bonlanden, am Mittag nach Hause fuhr, bin ich an der Ampel beim Rathaus in Betzingen vielmal eingeschlafen und erst wieder aufgewacht, als die Ampel grün hatte und die hinter mir stehenden Autos ein Hupkonzert anfingen.

Auf der Brücke, vor dem Rathaus in Betzingen, bin ich, wenn die Ampel rot hatte, im Auto öfters eingeschlafen.

Das konnte so nicht weitergehen, ich entschloss mich deshalb nach 10 Jahren wieder zum Nervenarzt Dr. Schäfer zu gehen.

Bei der Besprechung mit dem Arzt erklärte ich ihm, dass ich mit dem Wohnwagen eine Südfrankreichreise plane und ich für diese Reise Medikamente benötige um nicht einzuschlafen. Wieder wurde ich gründlich untersucht. Beim Abschlussgespräch meinte Dr. Schäfer ganz zynisch, vor 10 Jahren waren sie doch wegen den gleichen Beschwerden zu mir gekommen, ich kann leider bei ihnen keine besonderen Beschwerden feststellen. Innerlich dachte ich also bin ich noch der gleiche Hypochonder wie vor 10 Jahren. Auf seine Aussage erwiderte ich, dass die Beschwerden um das mehrfache größer seien wie vor 10 Jahren und ich Angst habe beim Autofahren einzuschlafen. Daraufhin meinte Dr. Schäfer er verschreibe mir Medikamente, mit denen ich die Reise nach Südfrankreich antreten könne.

Zu dieser Zeit hatte meine zweite Tochter Anette gerade ihr Medizinstudium in Tübingen begonnen.

Dritte von rechts, meine Tochter Anette mit Ihren Kolleginnen in München in der Klinik „rechts der Isar".

Als sie nach Hause kam und die mir verschriebenen Medikamente durchsah, kam sie zu dem Entschluss, mir diese Medikamente zu verbieten, mit der Begründung, sie wolle keinen Vater der medikamentensüchtig werde.

Zur Vorsicht nahm ich die Tabletten mit auf die Reise, nahm sie aber nicht ein. Mit meinem Bruder Eberhard wurde ausgemacht, dass er vorneweg fährt und mich im Rückspiegel beobachtet und dass wir alle 100 – 150 km eine kleine Ruhepause einlegten.

Links mein Bruder Eberhard mit Familie,
rechts meine Frau, auf der Fahrt mit dem
Wohnwagen nach Südfrankreich.

Ferner, dass wir den Abstand zueinander nicht groß werden lassen und bei der Trennung durch eine Ampelschaltung, der vordere auf den hinteren wartet. Eine Übernachtung auf einem Campingplatz in Frankreich wurde auch eingeplant. Meine Frau überwachte mich und wendete ihr bekanntes Wachhaltesystem „Kekse, Apfelschnitze und die Blumenspritzpistole an und so erreichten wir am zweiten Tag unser Ziel auf einem großen Campingplatz in „Nimes".

In den ersten Tagen wurden nur kleine Ausflüge, die für mich kein Problem waren, gemacht.

Doch an einem Tag, als wir in „Avignon" den Papstpalast und die Brücke von Avignon besuchten, passierte es auf der Rückfahrt.

Die Brücke von Avignon, über dem Fluss „Rhone". Die fehlende Hälfte wurde immer wieder vom Hochwasser eingerissen und letztendlich nicht mehr wieder hergestellt.

Ich wollte einen Lastzug überholen und bin vor Übermüdung kurz eingeschlafen, dann hat mich der Aufschrei meiner Frau: „Du fährst unter den Lastzug" so aufgeschreckt, dass ich das Steuer so schnell herumriss und so einen Unfall verhinderte. Nach diesem Schreck musste ich auch zur Beruhigung meiner Frau einen größeren Aufenthalt auf einem Parkplatz einlegen. Während diesem Urlaub in Südfrankreich durfte ich von meiner Frau aus nur noch Ausflüge im Umkreis von 25 km unternehmen. Die Rückfahrt verlief wie die Anfahrt mit dem Wachhaltesystem meiner Frau und ging über St. Tropez, Monaco, Mailand und einer Übernachtung in Bellinzona, dann ohne Probleme über die Schweiz nach Hause. Mein Zustand mit Schnarchen Anschwellung des Zäpfchen und die tägliche Müdigkeit mit Einschlafphasen änderte sich nicht, wurde im Gegenteil immer schlimmer.

Diagnose Apnoe und Atemstillstände

Zur selben Zeit las ich in der ADAC- Zeitung einen Bericht über Sekundenschlaf bei Autofahrern In diesem Bericht wurde mein Zustand fast genau beschrieben und zur Abhilfe ein Gerät vorgestellt, das den rechten Platz des Autovordersitz einnahm und ein Luftschlauch zu einer Atemmaske führte, die über den Kopf des Fahrers zu ziehen war. Als ich diese Bilder sah bekam ich einen Schreck und so wollte ich nicht auf Reisen gehen. Wobei der Einsatz dieses Gerätes nur für die Ruhepausen auf den Parkplätzen und bei Nacht zu Hause gedacht war.

Dieses Bild in der ADAC Zeitung, war für mich der erste Hinweis, woher meine Müdigkeit und Schläfrigkeit kommen konnte.

Dass es jetzt etwas gab, das meinen Zustand verbesserte, gab mir neue Hoffnung Als in Reutlingen im Nordsternhaus ein Facharzt eröffnete und Werbung für Heilung von „Schnarchenden" anbot, habe ich mich entschlossen bei diesem Arzt Hilfe zu holen, zumal er als Facharzt vorher auf der „Schillerhöhe bei Stuttgart" tätig war. Ich meldete mich an und bekam einen Termin in der kommenden Woche. Es war Dienstag, vormittags um 11:00 Uhr betrat ich die Praxis von Dr. Dettweiler im Reutlinger Nordsternhaus. Ich erhielt die Anweisung im Wartezimmer Platz zu nehmen. Saßen da viele Leute, ich dachte lauter Schnarcher, Junge und Alte, Dünne und Dicke. Nach mir kam niemand mehr ins Wartezimmer, also war ich der Letzte der zur Untersuchung kam. So gegen 12:30 Uhr waren nur noch zwei Personen vor mir. Das war beruhigend, es war auszurechnen, dass ich so gegen 13:00 Uhr an der Reihe war. Wann die zwei Personen vor mir aufgerufen wurden habe ich nicht mehr mitgekriegt, denn es wurde ja immer ruhiger im Wartezimmer, weshalb ich vor Müdigkeit einfach einschlief. Ein leichtes Rütteln an der Schulter unterbrach meinen Wartezimmerschlaf, ja die Sprechstundenhilfe musste mich aufwecken. Ich folgte ihr. Sie hat mich in das Sprechzimmer von Dr. Dettweiler geführt, um hier Platz zu nehmen bis der Doktor kommt. Dann verschwand sie wieder. Noch etwas schlaftrunken setzte ich mich auf einen Stuhl im Arztzimmer. Wieder musste ich warten, was ja bei Ärzten üblich ist und wieder bin ich eingeschlafen. Als Dr. Dettweiler mit einem lauten „Guten Tag" ins Zimmer kam, ich wieder zu mir kam, war mir das peinlich. Noch peinlicher war aber, als Dr. Dettweiler zu mir sagte: „Haben wir heute einen neuen Arzt erhalten". Ich fragte warum und er mir zur Antwort gab: „Herr Steimle, sie sitzen auf meinem Stuhl hinter dem Schreibtisch". Was im Halbschlaf und in der Müdigkeit so alles passiert. Ich erhob mich, entschuldigte mich und machte dem Doktor Platz, setzte mich jetzt aber vor den Schreibtisch. Dr. Dettweiler hörte sich meine Leidensgeschichte der letzten Jahrzehnte an, mit all den schwierigen, gefährlichen Situationen. Nach dieser Besprechung bekam ich ein kleines Gerät mit nach Hause, das ich in der Nacht umhängen, an den Finger anklemmen musste und während des Schlafens auf der Brust liegen lassen sollte. Am anderen Tag, vormittags sollte ich wieder vorbeikommen, um die Aufzeichnungen des Gerätes zu besprechen. Jetzt eröffnete mir Dr. Dettweiler, dass seine gestrige Vermutung die er hatte sich bestätigt habe, denn ich hätte in der Nacht weit mehr als 100 Atemstillstände zum Teil bis zu einer Minute und oftmals auch darüber gehabt. Das war für mich eine neue Situation, ich wusste ja nicht was Atemstillstände bedeuteten, ob es gut oder schlecht für meine Gesundheit ist. Auf jeden Fall telefonierte Dr. Dettweiler mit der Lungenspezialklink „auf der Schillerhöhe" in Stuttgart, schrieb mir eine Überweisung nach dort und belegte gleich auf den folgenden Montag ein Zimmer, für genau eine Woche. Dr. Dettweiler erklärte mir, dass die Untersuchungen auf der Schillerhöhe die ganzen Nächte während dieses Aufenthalts dauern werden und dadurch genau festgestellt werde, welche Krankheit zu meiner Müdigkeit und zu den Atemstillständen geführt hätten. Hoffnungsvoll verließ ich die Praxis von Dr. Dettweiler in der Gewissheit meinem Müdigkeitsübel und meiner Schläfrigkeit wird jetzt medizinisch auf den Grund gegangen, das heißt nach den Ursachen gesucht. Der Montag kam, vormittags auf 10:00 Uhr war ich einbestellt. Um 8:00 Uhr machte ich mich mit dem Auto auf den Weg nach Stuttgart auf die Schillerhöhe. Auf der Fahrt nach Stuttgart war es schon üblich, dass ich auf dem Aichtalparkplatz auf der B27 neu, einen Halt einlegen musste, weil die Müdigkeit und Schläfrigkeit mich wieder überfiel. Nach einer kurzen Schlafpause fuhr ich dann bis zur Schillerhöhe, jedoch vor der Schillerhöhe, legte ich nochmals eine Schlafpause ein, um frisch und gestärkt mich in der Schillerhöhe anmelden zu können. Nach der Anmeldung, der Einweisung in das Krankenzimmer, war es in der Zwischenzeit 12:00 Uhr geworden. Das Mittagessen bekam ich auf dem Zimmer. Der Nachmittag war ausgefüllt mit Untersuchungen und Aufklärungsgesprächen. Das Neueste war, dass mir erklärt wurde ich hätte „Apnoe". Ein Wort, eine Krankheit die ich noch nie gehört hatte. Der Arzt sah mein verdutztes Gesicht, wahrscheinlich schaute ich ihn komisch an. Er erklärte mir aber sofort, dass Apnoe, die Abkürzung und der lateinische Name sei, für die Krankheit von Menschen die Atemstillstände hätten. Schnaufpausen könnte diese Krankheit auch genannt werden, jedoch unter Schnaufpausen versteht man im schwäbischen, eine kurze Pause bei einer schweren Arbeit einzulegen, wieder Luft zu holen um mit neuen Kräften an die Arbeit zu gehen, hat also mit Atemstillstand nichts zu tun, gerade das Gegenteil ist bei der Schnaufpause der Fall, denn hier wird Luft aufgetankt. Ausführlich wurde mir erklärt wie es zu Apnoe kommt. Wenn die Muskulatur im Rachen erschlafft, erschlafftes Gaumensegel (einschließlich Zäpfchen) und das zurücksinken der Zunge, sowie die Behinderung der Nasenatmung bei Schnupfen, dann fällt die ganze Atemmuskulatur zusammen und blockiert den Atemluftstrom im Hals, die Atmung wird immer schwächer und setzt am Ende ganz aus. Mir wurde erklärt Atemstillstände können bis zu 15mal in der Stunde auftreten und von 10 Sekunden bis 180 Sekunden dauern. Bei 15 Atemaussetzern pro Stunde mit 1 Minute ergibt 15 Minuten keinen Atem in der Stunde. Bei 8 Stunden Schlaf pro Nacht sind das 120 Minuten, das heißt, 2 Stunden in der Nacht wurde nicht geatmet, das heißt das Blut erhielt während dieser Zeit keinen Sauerstoff, das Gehirn erhielt 2 Stunden keinen Sauerstoff. Tausende von Gehirnzellen sterben ab, der Stoffwechsel im Körper funktioniert nicht mehr richtig, ohne Sauerstoff keine richtige Verbrennung der Nahrungsaufnahme, die Folge davon ist eine Gewichtszunahme. Durch die vielen, vom vegetativen Nervensystem ausgelösten Inbetriebnahmen der Atmung, bei der ein Erdbeben durch den Körper geht, verbunden mit einem herausplatzen von sehr lauten Schnarchtönen, kommt die Nierentätigkeit die ganze Nacht nicht zur Ruhe, was wiederum einen Harndrang verursacht der zu einem 5-6 maligen aufsuchen des WC führt und nicht gerade die Nachterholung begünstigt. Ja solches und noch viel mehr, was mit Apnoe zu tun hat erklärten mir die Ärzte auf der Schillerhöhe. Nach dem Abendbrot konnte ich noch frische Luft schnappen und spazieren gehen, musste aber um 10:00 Uhr im Zimmer sein und angezogen im Schlafanzug im Bett liegen.

Punkt 10:00 Uhr kam die Stationsschwester mit einem ganzen Arm voll Kabel ins Zimmer. Das sah aus wie so ein Elektrokabelstrang für einen Mercedes. Die Kabel hingen ihr links und rechts am Arm herunter.

So, sagte die Schwester, jetzt werden Sie auf die Nacht verkabelt und an einen Computer angeschlossen. An beiden Händen der

Zeigefinger, am Kopf an mehreren Stellen, an den Füßen von oben bis unten mehrere Stellen, überall wurden Kabel mit Klebeband befestigt. An den Rippen beidseitig, an der Brust rechts und links, am Herzen mehrfach rundherum. Dazu kam jetzt auch noch ein Kasten neben dem Bett, aus dem ein Schlauch hing ungefähr 2,5 m lang und der am Ende eine Plastikmaske hatte an der 2 cm breite Gummibänder angebracht waren. Diese Maske wurde mir auf die Nase gedrückt, die Gummibänder über den Kopf gestreift, die hielten die Plastikmaske auf der Nase fest. Ich lag jetzt im Bett und sah aus wie so ein Schaltschrank und am Kopf wie ein Düsenjägerpilot in 10000 m Höhe. Diese Verkabelung dauerte gut eine Viertelstunde bis die Schwester dann den Stecker des neben mir stehenden Kasten und den Stecker am Ende des Kabelstrangs, in die Elektrodose steckte. Mir war jetzt „himmelangst" wie man im schwäbischen so sagt, auf die bevorstehende Nacht. Ich sagte der Schwester, dass ich bei Nacht 4-6mal auf die Toilette müsse. Kein Problem, ich dürfe nur läuten dann komme sie entkabele und verkable sie mich wieder. Jetzt hatte ich noch mehr Angst auf die Nacht, denn das hieß jedes Mal 20-30 Minuten Arbeit, um mich wieder in einen Schaltschrank und Düsenjägerpiloten zu verwandeln. Jetzt war es ungefähr 20 Minuten nach 10:00 Uhr als die Schwester mir eine gute Nacht wünschte. Im Kasten neben mir hörte ich ein leises rauschen, das mich aber nicht störte. Durch den Schlauch und die aufgesetzte Maske bekam ich saubere frische Luft, frische Waldluft aus der Umgebung der Schillerhöhe. Mit der Angst auf den baldigen Harndrang und die Ent- und Verkabelung, bin ich eingeschlafen. Ich schlief, ich schlief, ich schlief den Schlaf des „Gerechten", "den Schlaf des Erlösten", den Schlaf „des

Gesunden", den Schlaf den ich schon Jahrzehnte vermisste, den Schlaf ohne am eigenen Schnarchkonzert zu erwachen, den Schlaf ohne anschwellendes Zäpfchen, ohne Harndrang, dieser Nachtschlaf war wie Erholung von einem Leiden das mich jahrzehntelang verfolgte, plagte und mir die Nachtruhe und Erholung raubte. Diese Nacht war ein Traum, ein Traumschlaf, wie ich ihn seit 30 Jahren nicht mehr erlebte. Das waren meine Gedanken, als ich am Morgen zum ersten Mal die Augen aufschlug. Als nächstes habe ich mich gestreckt, die Arme nach oben gedrückt, die Beine nach unten gedrückt, denn es hat mich ein Gefühl durchzogen ein wohltuendes, angenehmes, freudiges ein von den Zehenspitzen bis zu den Haarspitzen reichendes Wonnegefühl durchzogen. Zu diesem Wonnegefühl kam jetzt noch ein riesiges Freudengefühl hinzu, als ich auf die Uhr schaute, es war 6:30 Uhr, ich hatte also gut 8 Stunden am Stück durchgeschlafen. Diese ersten Augenblicke des Erwachens waren durch die erlebten Körpergefühle, Wonnegefühle und Freudengefühle einem körperlichen Sexgefühl fast gleichzustellen. Meine ersten Gedanken waren jetzt, das ist die Lösung des Problems. Kein Schnarchen mehr, keine Atemstillstände mehr, nichts mehr von all den körperlichen negativen Begleiterscheinungen dieser Apnoe. Die Nachtschwester abnabelte mich (spaßhalber, was so ein Buchstabe verändern kann) abkabelte mich, fragte wie ich mich fühle? Die Antwort fiel mir leicht: „Wie ein frischgeborener junger Mann, ausgeschlafen, ausgeruht und freudig den neuen Tag erwartend. Das Frühstück schmeckte mir am Morgen besonders gut, hat doch die ganze Nacht mein Stoffwechsel ohne Unterbrechung gearbeitet. Nach dem Frühstück musste ich zur Besprechung mit dem zuständigen Arzt, der mir die aufgezeichnete Nachtruhe erklärte und mir die vor mir liegende Genesungszeit nahebrachte. Durch die jahrelangen nächtlichen Atemstillstände liege ein körperliches Minus auf vielen Gebieten wie: Viele abgestorbene Hirnzellen die sich langsam wieder ersetzen, ein Übergewicht durch den schlechten Stoffwechsel, das sich bei genügend Sauerstoff im Blut wieder reduziere, der Harndrang werde geringer durch die Ruhigstellung der Nieren, durch die Gewichtsabnahme sinke der Blutdruck, auch was ganz wichtig sei, besonders für die Frau, die Potenz (Lipidoverlust) werde wieder besser. Das waren ja gute Mitteilungen. Die tägliche Mobilität, die Unternehmungslust komme wieder zurück. Des Weiteren erklärte mir der Arzt: „Es war bei Ihnen wie bei einem Bankkonto, das jahrelang ins Minus geführt wurde und letztendlich zur Pleite führt, in ihrem Fall zum Lebensende führen könnte, bei Besserung der wirtschaftlichen Situation wieder langsam aus dem Minus herauskommt. Das ist aber nur möglich wenn sie jede Nacht dieses CPAP Gerät benützen". Das war für mich klar, die erste Nacht mit dem CPAP Gerät hatte mich vollständig überzeugt.

Nach dieser Besprechung kam das Mittagessen auf das Zimmer. Die Schwester die es brachte sagte: Nach dem Essen hätte ich den ganzen Mittag frei zur eigenen Verfügung, ich müsste nur heute Abend um 22:00 Uhr wieder im Bett sein. Ja sagte ich, dann könnte ich ja auch nach Hause fahren. Die Schwester hatte nichts dagegen, sie sagte: „Das Abendbrot stelle ich ihnen dann aufs Zimmer".

Voller Tatendrang stieg ich ins Auto und fuhr, ich konnte es selbst noch nicht fassen, von der Schillerhöhe in Stuttgart, ohne Müdigkeit, ohne Schläfrigkeit, ohne anhalten zu müssen, nach

Reutlingen nach Hause. Meine Frau war ganz erstaunt als ich erschien, war aber auch hocherfreut als ich ihr das Erlebte auf der Schillerhöhe berichtete. Den Mittag habe ich dann mit betrieblichen Arbeiten ausgefüllt. Das Abendbrot habe ich dann auf der Schillerhöhe so gegen 20:00 Uhr eingenommen, auf jeden Fall war ich pünktlich um 22:00 Uhr im Bett. Die Rückfahrt von zu Hause auf die Schillerhöhe verlief ebenfalls ohne Müdigkeit und ohne anhalten zu müssen. Die Woche verging mit Besprechungen, gemeinsam auch mit anderen Apnoiker, gegenseitig tauschten wir Patienten unsere Leidenszeiten und das während dieser Zeiten Erlebte aus. Die nächtlichen Aufzeichnungen wurden immer mit den Ärzten besprochen. Es folgten jeden Tag Unterweisungen für das spätere Verhalten und jeden Tag fuhr ich mittags nach Hause, ohne die jahrelangen Probleme und jeden Abend um 22:00 Uhr wurde ich zum verkabelten Schaltschrank und Düsenjägerpiloten. Freitags wurde ich nach der Abschlussbesprechung von dem Arzt und den Schwestern, mit den besten Wünschen für die Zukunft, entlassen.

Ab diesem Zeitpunkt ging es aufwärts. Ich bekam ein neues CPAP Gerät mit nach Hause. Anfangs war es für meine Frau ungewohnt, weil ich nicht mehr schnarchte und sie erst wieder einschlief als sie festgestellt hatte, ob ich noch am Leben sei. Mein Zustand verbesserte sich von Woche zu Woche. Zuerst kleinere Fahrten mit 3-4 Stunden, später Tagesfahrten in den Urlaub sind bis zum heutigen Tag kein Problem mehr.

Auch bei Nachtfahrten, die früher ein Problem waren, gibt es keine Müdigkeit mehr. In der Zwischenzeit sind die CPAP Geräte kleiner geworden gegenüber dem Anfang(siehe Bild in der ADAC Zeitung).

Seit meiner ersten Bekanntschaft auf der Schillerhöhe habe ich bis zum heutigen Tag sechs CPAP Geräte in Gebrauch genommen.

Links mein erstes CPAP Gerät.

Weitere CPAP Geräte die in den letzten Jahrzehnten hergestellt wurden.

Bis zum heutigen Tag habe ich keine Nacht ohne CPAP Gerät geschlafen.

Mein heutiges CPAP Gerät ist kleiner geworden und besteht aus zwei Teilen (ein Gebläse Teil und einem Elektro Teil)

In den Urlaub im In- und Ausland wird es mitgenommen, auch wenn die Nacht kurz ist nach vorangegangenen Festen, selbst wenn die Nachtruhe nur noch 1-2 Stunden dauert, das CPAP Gerät ist mein ständiger Begleiter und das schon seit 1990 bis heute 2020, also schon 30 Jahre. Wenn bei mir die Apnoe nicht festgestellt worden wäre und es keine CPAP Geräte gäbe, hätte ich wahrscheinlich „die Blümchen von unten angeschaut" wie man so sagt oder wäre durch meinen jahrelangen Sekundenschlaf irgendwann durch einen Unfall ums Leben gekommen. Deshalb sei

„Gott gedankt", dass die Medizin und die Technik fortschreitet, zum „Segen" der gesamten Menschheit.

Zeitungsberichte über Apnoe und Sekundenschlaf

In der ADAC Motorwelt vom November 1990 stand folgendes: „Eine neue Krankheit plagt vor allem Männer. Nachts bleibt ihnen oft die Luft weg, deshalb nicken sie bei Tag dauernd ein, auch im Auto". In dem folgenden Artikel von Judith Fontaine habe ich mich und meine Krankheit selbst erkannt.

Schützt vor Unfällen:
Tiefschlaf mit der Atemmaske

Eine neue Krankheit plagt vor allem Männer: Nachts bleibt ihnen oft die Luft weg, deshalb nicken sie bei Tag dauernd ein. Auch im Auto.

Lothar Z, 54 Jahre, Außendienstleiter aus Dachau mit 80 000 Berufskilometer pro Jahr, sitzt am Lenkrad seines Wagens. Er hat ausreichend geschlafen und unterhält sich mit seiner Kollegin. Plötzlich passiert es: Lothar Z. nickt ein und schreckt erst wieder hoch, als seine Begleiterin schreit. Er findet sich am linken Fahrbahnrand wieder, knapp vor einem 150 Meter tiefen Abhang. Er kann gerade noch das Steuer herumreißen. Nur um Haaresbreite schlittern die beiden am Tod vorbei.

Das schreckliche Erlebnis treibt Lothar Z. zum Arzt. Denn schon geraume Zeit plagt den Manager tagsüber eine unerklärliche Müdigkeit, packen ihn unkontrollierbare Schlafanfälle: beim Frühstücken, vor dem Fernseher sowieso, und bei Geschäftsbesprechungen fallen ihm gar während der eigenen Rede die Augen zu. Keine Pause, keine Kniebeuge kann die bleierne Müdigkeit verhindern.

Schlafexperten am Zentralkrankenhaus Gauting bei München kamen der Sache auf die Spur: Lothar Z. leidet am Schlaf-Apnoe-Syndrom. Eine Krankheit , die bisher wenig bekannt, aber deshalb keineswegs selten ist. Studien einer Schlafforschergruppe an der Universität Marburg ergaben: Schätzungsweise 5 bis 10 % der Männer leiden an Apnoe. Frauen befällt die Krankheit neunmal seltener – warum, ist noch unbekannt. Am häufigsten trifft es Männer zwischen 40 und 60 Jahren, ausnahmslos Schnarcher und stark Übergewichtige.

Die Schlaf-Apnoe lag für Wissenschaftler wohl deshalb so lange im dunklen, weil die Kranken sie einfach verschlafen: Apnoikern, so nennt man sie bleibt nachts oft die Luft weg, sie hören auf zu atmen. Zwar kommt das auch bei Gesunden vor, doch die Menge macht's: Bedenklich wird es, wenn ein Atemstop länger als zehn Sekunden dauert und mehr als zehn davon pro Stunde auftreten. Bei Untersuchungen im Marburger Schlaflabor wurden Atemstillstände bis zu zweieinhalb Minuten registriert, bei manchen Patienten setzte die Atmung Nacht für Nacht hunderte Male aus!

Die Atemstörung hat natürlich Folgen, vor allem sinkt der Herzschlag extrem ab. Doch das Gehirn schlägt rechtzeitig Alarm und beendet mit einem „Aufschreckmechanismus„ die unfreiwillige Atempause – meist erkennbar an einem explosionsartigen Schnarchton, der die Schläfer gleichwohl selten weckt. Die Herzfrequenz schnellt dann schlagartig wieder hoch. Und darin liegt das Übel: Das ständige Stop und Go der Atmung verhindert nämlich den lebenswichtigen Tiefschlaf.

Die Kranken sind deshalb tagsüber chronisch müde, monotone Tätigkeiten werden zur Schlaffalle. Sie sind unkonzentriert, haben häufig Kopfschmerzen, ihre geistige Leistungsfähigkeit sinkt und sie reagieren auf Anforderungen ihrer Umwelt gereizt. Die Betroffenen werden oft aggressiv oder depressiv. „Kein Wunder", meint Dr. Reimer Lund vom Gautinger Schlaflabor. „Apnoe-Kranke schlafen jahrelang nicht richtig – ohne es zu merken."

Dass die seltsame Tages –Schlafsucht nicht nur Leid verursacht, sondern auch Gefahren bringt, macht ein anderes Ergebnis der Marburger Studie deutlich: 70 Prozent der dort erfassten Kranken gaben an, mindestens einmal im Monat am Steuer einzuschlafen.

So erging es auch dem 42 jährigen Lkw-Fahrer Eugen L aus München, 140 Kilogramm schwer, starker Schnarcher. Nach zwei Unfällen mit Blechschaden gab er seinen Beruf auf. Pech hatte auch ein Baggerfahrer aus Niederbayern. Er walzte schlafend mit seinem Fahrzeug die halbe Baustelle nieder, bevor Ärzte seine Leiden diagnostizierten,. Einem übergewichtigen Piloten aus Hamburg fielen die Augen beim Landeanflug zu.

Wie viele Apnoe-Kranke unentdeckt und damit unbehandelt bleiben, kann man nur schätzen. Viele schämen sich ihrer ewigen Müdigkeit oder deuten sie als Alterserscheinung. Manche gehen nicht zum Arzt aus Angst um ihren Job. Diese Scheu ist aber hoch riskant: Wer trotz Schlafattacken bewusst weiter Auto fährt, kann bei einem Unfall strafrechtlich belangt werden. Im Übrigen: Ihr Arzt unterliegt der Schweigepflicht.

Außerdem wird der Betroffene immer kränker. Bleibt das Leiden unbehandelt, treten mit der Zeit Bluthochdruck und Herzrhythmus-störungen auf. Das ständige Auf und Ab der nächtlichen

Herzfrequenz schwächt den „Motor" erheblich bis hin zum plötzlichen Stillstand. Entsprechend liegt die Lebenserwartung „heimlicher" Apnoe-Kranker deutlich unter dem Durchschnitt.

Da man die Ursache der Atemstillstände inzwischen kennt, kann man die Beschwerden abstellen. Dr. Lund: „Es gibt zwei Formen. Bei der einen verschließen sich die oberen Atemwege. Zum Beispiel, wenn der Rachenraum verengt ist: zu große Zunge , fliehendes Kinn, zu viel Fettgewebe am Hals. In wenigen Fällen hilft eine Operation. Seltener ist die zentrale, also vom Gehirn ausgehende Apnoe: Durch einen Regeldefekt fällt die Lungenatmung aus, obwohl die Atemwege frei sind."

Bei 50 Prozent der Patienten verschwinden die Symptome allein schon durch konsequentes Abspecken, gemäßigte Lebensgewohnheiten – wenig Alkohol, regelmäßiges Essen – oder eine Medikamententherapie. Wo das nicht reicht, muss im Schlaf eine Atemhilfe her: Ein Spezialgerät erzeugt Luftdruck, der über Schlauch und Nasenmaske die Atmung regelmäßig in Gang hält. Der Erfolg ist durchschlagend. Bei 90 Prozent der Patientensind sämtliche Krankheitsanzeichen schon nach wenigen „Masken-Nächten" wie weggeblasen.

Der Preis für das neue Leben ohne Unfallrisiko: Der Apparat, kaum größer als ein Radio, wird viele zum lebenslangen Begleiter, Nacht für Nacht. Neben dem Bett, auf Reisen im Hotel, im Wohnmobil – oder bei einer Schlafpause im Auto.

Judith Fontaine ADAC motorwelt 11/90

Die Apnoe

Schnarcher leben gefährlich!

In letzter Zeit wird immer mehr von dem so genannten Schlafapnoe-Syndrom gesprochen. Darunter versteht man vorübergehende Atemstillstände im Schlaf, die der Betroffene nicht bemerkt und die, wenn sie mehr als zehnmal in der Stunde über mehr als zehn Sekunden anhalten, sogar recht gefährlich werden.

Die Ursache dieses Atemstillstands ist ein zentralnervöser Regeldefekt, der zu kurzzeitigen Verschlüssen der oberen Atemwege führt. Der typische Patient ist meist stark übergewichtig, er ist Schnarcher und klagt über verstärkte Müdigkeit am nächsten Tag. Er selbst merkt diese Störung meist nicht. Dem Ehepartner fällt die atemlose Phase am ehesten auf.

20 Prozent der Bevölkerung soll ständig schnarchen. Dabei haben die Männer den größten Anteil. Reines Schnarchen gilt als harmlos, ist aber durchaus für den anderen sehr störend. Man hat bis heute dagegen noch kein wirksames Mittel gefunden. Nicht jeder Schnarcher hat eine Schlafapnoe, aber alle Apnoe-Patienten sind charakteristische Schnarcher. Meist laut und unregelmäßig.

Den Partner beobachten

Wer übergewichtig ist, erhöhten Blutdruck und Fettstoffwechsel-störungen hat, ist besonders gefährdet und gilt auch für die Apnoe als Risikopatient. Worauf sollte man achten, und was kann man tun? Da dem Partner meist die Anzeichen auffallen, sollte er wach bleiben und beobachten, wie oft solches Atemaussetzen auftritt. Mehr als fünf

Atemstopps über zehn Sekunden pro Stunde sind bedenklich und sollten durch ärztliche Ratschläge therapiert werden.

Die ersten Versuche bestehen darin, das Übergewicht zu reduzieren, Alkohol am Abend und Schlaf- oder Beruhigungsmittel zu meiden, den biologischen Wach-Schlaf-Rhythmus einzuhalten, körperliche Aktivitäten zur Schaffung einer normalen Müdigkeit zu nutzen, Lärm und warme, trockene oder sauerstoffarme Raumluft im Schlafzimmer zu vermeiden und das Schnarchen möglichst zu bekämpfen, z.B. durch einen störenden Schalknoten oder eingebundenen Tennisball auf dem Rücken, damit eine Seitenlage eingehalten wird.

Schlaflabors gibt's an Unikliniken

Bei mehr als der Hälfte der Patienten hilft eine medikamentöse Therapie, die die Atmung etwas stimuliert, z.B. Theophyllinpräparate. Diese Therapie muss aber mit dem Arzt abgesprochen werden. In sehr schweren und hartnäckigen Fällen und beim Auftreten von gefährlichen Notsituationen kann in Schlaflabors und eventuell später auch zu Hause eine Überdruckbeatmung im Schlaf eingesetzt werden. Dabei steht neben dem Bett ein Gerät, das über eine Nasenmaske die Atemwege freihält.

Diese Methode erzielt in fast allen Fällen ein Verschwinden der Apnoebeschwerden. Der Betroffene akzeptiert diese technische Hilfe sehr schnell. Dient sie ihm doch zum Herstellen seines guten Befindens. (PS)

Bleiben Sie gesund! Januar 2002

Die lauten Leiden des Thomas M.

REUTLINGEN. Mit einem kleinen Hain begnügte sich Thomas M. selten. Es musste schon ein richtiger Wald sein, den der heute 43-Jährige Nacht für Nacht zersägte. Natürlich nur im übertragenen Sinne. Gleichwohl war der Flurschaden nicht unerheblich. Denn unter dem ausdauernden Schnarchen des Reutlingers litt bald die ganze Familie. Dass sich Thomas M. morgens wie gerädert fühlte, war das eine. Dass seine Frau unter den Augen Trauer trug, das andere. »Wir fühlten uns eigentlich nur noch matt und schlapp«, schildert Thomas M. die Situation und spricht von nächtlichen Umzügen - raus aus dem Schlafzimmer, rein in einen separaten Raum.

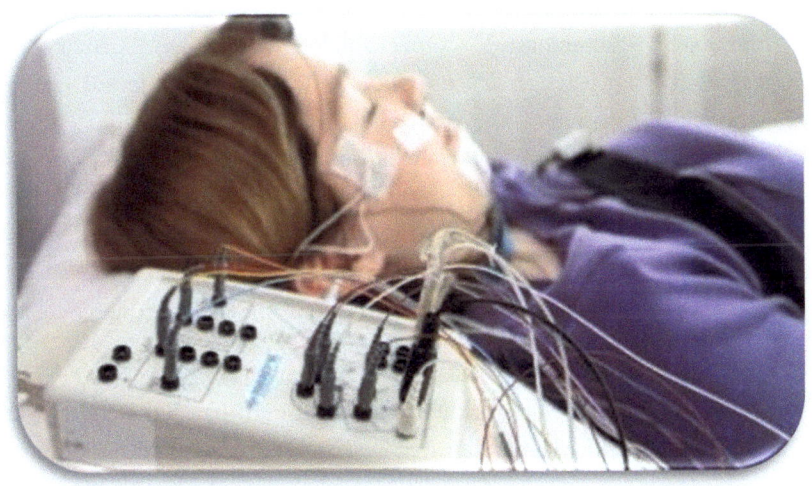

Praktikantin Isabel Bleher demonstriert, wie´s aussieht, wenn Patienten im Schlaflabor total verkabelt zu Bett gehen.
FOTO: TRINKHAUS

Das verhalf der Gattin zwar zur nötigen Nachtruhe. Thomas M. selbst ging aber nach wie vor am Stock, erkannte, dass er etwas unternehmen muss. Und so führte ihn der Weg im Jahr 2002 zunächst zu einem Hals-Nasen-Ohren-Spezialisten. Dessen unerquickliche Diagnose flößte dem Patienten allerdings Angst ein. Da Thomas M. s Zäpfchen, der lappige Fortsatz des oberen Gaumensegels, vergleichsweise lang ist, wollte der Arzt zum Skalpell greifen. Durch operatives Stutzen, so seine Überzeugung, ließe sich das Schnarch Problem beheben.

„Wenn es zu Atemaussetzern kommt, ist Gefahr im Verzug"

Nur: Davon war Thomas M. wenig angetan. Die Aussicht auf eine – „im Übrigen sehr schmerzhafte" – Operation ließ ihn zögern. Anstatt sich unters Messer zu legen, machte er sich kundig. „Ich suchte auf eigene Faust nach Alternativen", sagt der Reutlinger, der bei seinen Recherchen nicht nur auf Analysemöglichkeiten in Schlaflaboratorien stieß, sondern auch auf die Tatsache, dass er mit seinem Problem nicht alleine dasteht. „Als Volkskrankheit", weiß er mittlerweile, wird Schnarchen in einschlägigen Medizin-Foren beschrieben, als „Liebeskiller" und als Gift fürs Herz-Kreislauf-System. „Vor allem wenn es beim Schnarchen zu häufigen Atemaussetzern kommt, dann ist Gefahr im Verzug".

An die 50 Prozent aller erwachsenen Männer, hat Thomas M. in Erfahrung gebracht, schnarchen. Nicht jeder von ihnen leidet allerdings unter sogenannten Apnoen. Thomas M. freilich gehört, wie er heute weiß, zu jenen Patienten, die immer wieder Atemstillstände haben. Die Folge: Stress durch Sauerstoffmangel und eine damit einhergehende ausgeprägte Tagesmüdigkeit, die den 43-Jährigen annähernd acht Jahre lang quälte.

Noch quälender als die Mattigkeit war für ihn jedoch der Gedanke „an mir rumschnippeln zu lassen". Statt in den OP, begab er sich zu einem Pneumologen, einem Lungenfacharzt, der ihm Mut machte. Ob es sich bei Thomas M. nämlich tatsächlich um krankhaftes Schnarchen handelt, sei noch gar nicht erwiesen. Letzte Gewissheit könnten da nur Tests bringen, die ambulant durchgeführt werden und Auskunft über die Schnarch-Qualität geben.

Wie jenes Verfahren heißt, daran erinnert sich Thomas M. nicht mehr. Aufs Fachchinesisch versteht sich der 43-Jährige, der sich zwischenzeitlich über erholsamen Nachtschlaf freut, kaum. Dass ihn die Untersuchungsmethode jedoch zweifelsfrei als Apnoiker entlarvte, dass er daraufhin zwei Nächte in einem Schlaflabor verbrachte - all das ist ihm sehr präsent. Und Thomas M. ist dankbar, dass er mittels exakter Analysetechnik ums Skalpell herumkam. Eine Verkürzung des Zäpfchens, weiß er heute, wäre bei Ihm ohne dies wenig Erfolg versprechend gewesen. „Wahrscheinlich hätte ich weiter ganze Wälder zersägt".

Dass in seinem, einem minderschweren Fall von Schlafapnoe, eine vom Kieferorthopäden angepasste Zahnschiene genügt, um Atemaussetzer und lautstarkem Schnarchen vorzubeugen – Thomas M. empfindet dies als Geschenk des Himmels. Mehr noch: als Erfolgsgeschichte, die ihren Platz im GEA finden sollte. Denn M. will Leidensgenossen zeigen, dass es sich lohnt, mehrere Meinungen einzuholen und sich gründlich untersuchen zu lassen. Der Lokalredaktion empfiehlt er darüber hinaus eine Stippvisite im Schlaflabor.

Also auf zu Dr. Karlheinz Weible, der zusammen mit seiner Kollegin Dr. Birgit Metzler seit 1996 besagtes im Nordsternhaus betreibt und als Pionier ambulanter Schnarchtherapie gilt. Der 54-Jährige Internist mit Schwerpunkt Lungenheilkunde und Schlafmedizin bestätigt Thomas M.s

Schilderungen. Ja, sagt er, die Forschung geht davon aus, dass rund die Hälfte aller über 40-jährigen Männer schnarcht, dass Frauen seltener betroffen sind, „nach der Menopause aber aufholen". Und ja, der Einsatz mobiler Analysegeräte ist bei der Schnarch Diagnostik gang und gäbe.

„Schlaf-Apnoe ist zwar nicht heilbar aber therapierbar"

„Polygrafie" nennt sich das Verfahren, bei dem Herzfrequenz und Atemaktivität gemessen werden. Erhärtet sich der Verdacht, dass ein Patient unter gehäuften Apnoen – ab zwanzig Mal pro Stunde – leidet, empfiehlt sich die Feinanalyse im Schlaflabor: die Polysomnografie. Bei ihr werden auch Hirnströme, Augenbewegungen und Muskelspannungen gemessen; eine Infrarot-Kamera zeichnet den Schlaf des Patienten auf. Der liegt vom Kopf bis zu den Füßen verkabelt im Bett, was zwar nicht eben bequem, aber lohnend ist. Und Karlheinz Weible kennt keinen Patienten, der nicht doch noch vom Sandmännchen besucht worden wäre.

Was aber tun, wenn sich Schnarchen als pathologisch entpuppt? Wenn gehäufte Atemaussetzer das Risiko erhöhen an Bluthochdruck oder Diabetes zu erkranken oder einen Herzinfarkt zu erleiden? Dann empfiehlt sich eine CPAP-Therapie. Dieses Kürzel steht für „Continous Positive Airway Pressure" und meint eine spezielle Beatmungsform des Schlafenden. Über ein Maskensystem wird eine „Luftschiene" aufgebaut, die Apnoe unterbindet.

„Heilbar", so Weible, ist krankhaftes Schnarchen nicht,. Therapierbar schon. In minderschweren Fällen auch durch eine „Spangenlösung", wie sie zu Thomas M.s Zufriedenheit gefunden wurde. „Der Unterkiefer wird dabei nach vorne gedrückt", erklärt M. „Das erhöht die Muskelspannung in Rachenraum und Hals. Man schaut zwar aus wie Drakula, aber es hilft". Bei ihm . Andere Leidensgenossen sind auf die CPAP-Variante angewiesen, die übrigens von den Krankenkassen übernommen wird. Schnarchschienen werden das nicht unbedingt, wie Thomas erfahren musste. Dass es ihm trotzdem gelang, seine Interessen durchzusetzen – das sei nicht verschwiegen, wäre aber eine Story für sich.

(GEA 18.02.2009)

Schnarchen mit Atempausen?

Das Schlafapnoe-Syndrom

Wir kennen es aus dem Fernsehen nur zu gut: Wann immer angedeutet werden soll, dass jemand schläft, bemüht man dafür ein akustisches Signal: das Schnarchen. Das Schnarchen ist so zum Symbol für einen von der Außenwelt ungetrübten Schlaf geworden – wer im Schlaf „einen ganzen Wald gesägt hat", der hat, so die landläufige Meinung, einen besonders tiefen und erholsamen Schlaf hinter sich.

Häufig ist aber genau das Gegenteil der Fall: Dann nämlich, wenn sich hinter dem exzessiven Schnarchen ein Schlafapnoe-Syndrom verbirgt. So bezeichnet man das Auftreten von Atempausen mit Atemstillstand im Schlaf, die mehr als 10 Sekunden andauern. Ein solches Schlafapnoe-Syndrom ist eine meist unerkannte Erkrankung, die auch von den Betroffenen selbst nicht wahrgenommen wird. Zwar können Atemstillstände im Schlaf auch bei gesunden Menschen zuweilen auftreten, allerdings in sehr viel geringerer Häufigkeit und Länge.

Man unterscheidet drei Unterformen der Schlafapnoe:

1. Die „obstruktive" Form, die durch ein Anhalten des Atemgasflusses bei fortbestehender Aktivität der Atemmuskulatur gekennzeichnet ist. Ihr Entstehen ist bisher nicht umfassend geklärt. Man vermutet eine Verengung im Bereich des Nasenrachenraums oder einen Defekt der Nasenscheidewand, so dass eine mechanische Behinderung des Atmungsvorgangs erfolgt. Auch Übergewicht kann eine Ursache sein, denn es geht typischerweise einher mit einer Zunahme des

Fettgewebes im Zungen und Rachenbereich, welches die Atmung mechanisch behindert.

2. Die „zentrale" Form. Sie tritt bei verschiedenen Grunderkrankungen wie koronarer Herzkrankheit, nach Schlaganfall oder allgemein im Rahmen arteriosklerotischer Veränderungen der Hirngefäße auf. Hier ist nicht die Atmung physikalisch behindert, sondern es fehlt die Stimulation durch das Atemzentrum im Gehirn. Eine zentrale Schlafapnoe ist eher selten.

Die dritte Form der Schlafapnoe ist eine Mischform der beiden vorgenannten; man nennt sie daher „gemischte,, Schlafapnoe.

Bis zu 10% der Bevölkerung betroffen

Die Häufigkeit eines manifesten obstruktiven Schlafapnoe- Syndrom wird auf etwa 1 bis 10 % der Bevölkerung geschätzt. Man geht heute davon aus, dass etwa 2 Millionen Deutsche insgesamt betroffen sind; etwa 200.000 von ihnen gelten als vital gefährdet. Eine Risikogruppe sind insbesondere Männer zwischen dem 40. und 60. Lebensjahr mit erhöhtem Blutdruck und Übergewicht. Eine jüngst durchgeführte Studie zeigt auf, dass von Patienten mit mehr als 20 Atemaussetzern pro Stunde nach 9 Jahren nur noch 53 % am Leben waren. Frauen weisen erst nach der Menopause eine etwa gleich hohe Wahrscheinlichkeit auf, was auf eine hormonelle Mitbeteiligung an der Entstehung der Schlafapnoe hinweisen könnte.

Aufgrund der deutlich eingeschränkten Lebenserwartung der Patienten mit einem Schlafapnoe-Syndrom sowie der erheblichen ungünstigen Einflüsse auf die Ausprägung und Prognose einzelner Herzkreislauf-Krankheiten sollte frühzeitig die Diagnose gestellt und eine Therapie eingeleitet werden. Dazu ist es jedoch wichtig, das Krankheitsbild zu kennen: Viele internistische Erkrankungen wie arterielle Hypertonie (Bluthochdruck), Kardiomyopathie (Herzmuskelerkrankung), pulmonale Hypertonie (Lungenhochdruck) mit Cor pulmonale (Rechtsherz-Überdruck) sowie Herzrhythmusstörungen sind häufig mit dem Schlafapnoe-Syndrom verbunden.

Konzentrationsstörungen und Kopfschmerzen sind Warnsignale.

Wenn bei Patienten jede Nacht lautes und unregelmäßiges Schnarchen mit Atempausen, die mehr als 10 Sekunden dauern und über 10-mal pro Stunde in der Nacht vorkommen, auftritt, sollte man diese Beschwerden als Warnzeichen betrachten. Auch das bei einigen Menschen zu beobachtende explosionsartige Schnarchen, das nach einer relativ langen Phase der Stille einsetzt, kann ein Indikator für ein Schlafapnoe-Syndrom sein. Aber: Nicht jeder Schnarcher leidet unter einer Apnoe. Betroffene klagen am nächsten Tag häufig über vermehrte Tagesmüdigkeit, Einschlafneigung, Abgeschlagenheit, Kopfschmerzen und zunehmende Konzentrationsstörungen („Leistungsknick"). Wer solche Symptome verspürt, der ist gut beraten, möglichst schnell eine umfassende Diagnose einzuholen, an die sich gegebenenfalls eine geeignete Therapie anschließt.

Verkürzte Lebenserwartung bei Schlafapnoe

Anamnese und körperliche Untersuchung führen zu einer ersten differentialdiagnostischen Abklärung. Dabei ergibt sich häufig die Notwendigkeit, symtomübergreifende Krankheitsbilder aus den Fachgebieten Neurologie und Hals-Nasen-Ohren-Kunde abzugrenzen. Prädisponierende Faktoren, die ein obstruktives Schlafapnoe-Syndrom begünstigen, sind Verengungen der Atemwege unterschiedlicher Art, exogene Fettsucht, endokrine Erkrankungen und Muskelerkrankungen.

Grundsätzlich kann man sagen, dass Patienten mit einem Schlafapnoe-Syndrom eine verkürzte Lebenserwartung haben: Sie sind durch kardiovaskuläre Folgeerkrankungen gefährdet. Daher ist eine Therapie unabdingbar.

Sauerstoffsättigung im Blut nicht ausreichend

Grund für die Beschwerden von Patienten mit Schlafapnoe sind die anhaltenden Sauerstoffentsättigungen, welche in der Zeit des Atemstillstandes auftreten. Sie führen zu einer Azidose, d.h. einer Übersäuerung im Gewebe, welche die Ernährung der Körperzellen negativ beeinflusst. Früher hat man versucht, diese Unterversorgung durch Sauerstoffgabe zu beseitigen. Dies war jedoch nicht erfolgreich, da die Entsättigung in der Zeit der Atempause nicht verbessert werden konnte.

Untersuchung im Schlaflabor nur noch in schweren Fällen

Sprechen die Untersuchungsergebnisse mit hoher Wahrscheinlichkeit für ein schweres Schlafapnoe-Syndrom (nach Untersuchungsergebnissen neurologischer Art und HNO-Befund), ist möglich rasch eine Polysomnographie (Schlafaufzeichnung) anzustreben. Erst mit Hilfe dieser Untersuchung kann die Diagnose des Schlafapnoe-Syndroms gesichert werden. Während noch vor wenigen Jahren dazu die teure und aufwendige Untersuchung im Schlaflabor notwendig war, gibt es heute die Möglichkeit, dem Patienten ein tragbares Gerät mit nach Hause zu geben, welches die notwendige Messung im Schlaf durchführt. So werden je nach Ausführung des Geräts vier (MESAM) bis neun (MERLIN) unterschiedliche Parameter registriert (EKG), Atemfluss an Nase und Mund, Bewegungen des Brustkorbes und des Bauches, Sauerstoffsättigung, EEG (Elektroencephalographie = Hirnstrommessung) und EOG (Elektrookolographie=Augenbewegungsmessung) und EMG (Elektromyographie=Muskelaktivitätsmessung). Die Ergebnisse dieser Messungen sind entscheidend für die Einteilung der Schlafstadien und eine genaue Analyse.

Nur bei schweren Apnoe-Fällen (z.B. lebensbedrohliche Frequenz von 50 oder mehr Atemaussetzern pro Stunde) nimmt man heute noch eine Untersuchung im Schlaflabor vor.

Vorbeugung ist möglich!

Unabhängig vom Schweregrad eines Schlafapnoe-Syndroms sollten alle betroffenen Patienten präventive Maßnahmen ergreifen. Hier zählen vor allem

1. Schlafhygienische Maßnahmen (regelmäßige Schlaf-Wach-Zeiten, ruhige nächtliche Umgebung, gemäßigte Zimmertemperatur, keine üppigen Mahlzeiten oder Kaffee/Teekonsum vor dem Schlafengehen).
2. Anfeuchten der Raumluft zur Verminderung der Reizung der Atemwege
3. Bei erhöhtem Körpergewicht: Abnehmen!
4. Vermeidung von Alkohol-und Drogenkonsum sowie

5. Vermeidung von Medikamenten, welche die Atemfunktion im Schlaf verschlechtern können, z.B. Betablocker, Schlafmittel und Psychopharmaka.
6. Nicht rauchen! Bereits wenige Zigaretten am Tag führen nachweislich zu einer Abnahme des Sauerstoffpartialdrucks: Das im Tabakrauch enthaltene Kohlenmonoxid koppelt sich rund 300 mal stärker an den für Sauerstofftransport zuständigen roten Blutfarbstoff (Hämoglobin) als das Sauerstoffmolekül und setzt so auch im Schlaf während der Zeit des Nichtrauchens die Sauerstoffaufnahme herab.

Überdruckbehandlung oft erfolgreich

Vor allem beim schweren obstruktiven Schlafapnoe-Syndrom, bei dem präventive Maßnahmen nicht ausreichend sind, ist die wirksamste Therapieform die nasale kontinuierliche Atemwegsüberdruckbehandlung (NCPAP), unter der sich selbst eine arterielle oder pulmonal-arterielle Hypertonie normalisieren können. Diese Langzeitbehandlung gilt heute als Goldstandard in der Apnoe-Therapie. Dabei handelt es sich allerdings nicht um eine erhöhte Zufuhr von Sauerstoff: Es wird dem Patienten lediglich die normale Raumluft über ein Schlauchsystem mit Überdruck zugeführt. So kann ein zeitweiliger Atemstillstand wirkungsvoll verhindert werden. Allerdings ist die Akzeptanz dieser Therapie nicht besonders gut: Obwohl sich das Befinden bei vielen dramatisch bessert, sind nur 60 % aller Patienten für immer bereit, in der Nacht eine spezielle Schlafmaske zu tragen.

Als vielversprechend gilt in leichteren Fällen heute auch der Einsatz einer Aufbissschiene aus thermolabilem Material („somnoGuard") welche an die Kiefer des Patienten angepasst wird. Sie schiebt nach dem Anlegen den Unterkiefer vor den Oberkiefer und erreicht so eine bessere Atmung.

Nur wenn schlafhygienische, medikamentöse oder apparative Maßnahmen nicht erfolgreich sind oder vom Patienten nicht toleriert werden, werden heute Verfahren wie die laserassistierte Uvolovelo-Pharyngoplastik (UVPP) angewandt: Dabei wird ein Teil des weichen Gaumens entfernt, um die Atemöffnung zu vergrößern. Auch dieser Eingriff nützt jedoch nichts, wenn die Apnoe dadurch hervorgerufen wird, dass die Zunge im Schlaf nach hinten fällt und so die Atemöffnung verschließt. Hier helfen nur besondere Spangen, welche im Schlaf durch eine spezielle Führung verhindern, dass die Zunge hinten herunterfällt und die Atmung einschränkt.

Von Nahide Türkmen   *(Medizin aktuell April 2002)*

Ein weiterer Bericht über „Schlafapnoe erkennen, behandeln und heilen von Klinik Professor Sailer, Zentrum für Schnarcher und Schlafapnoe". Bericht ausgedruckt vom Internet am 6. Februar 2017.

Behandlung mit CPAP-Gerät

Die Schlafapnoe ist eine lebensgefährliche Erkrankung, die sich durch häufige Atemaussetzer während des Schlafs bemerkbar macht.

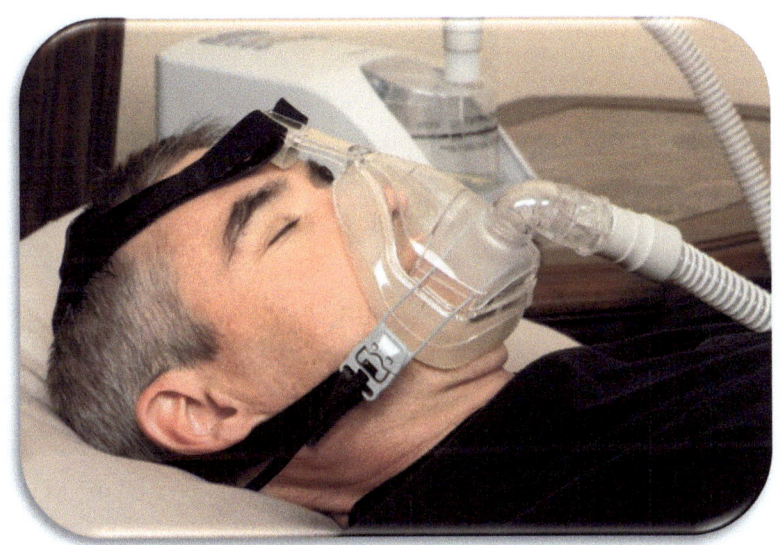

Derzeit werden die Symptome dieser Krankheit in den allermeisten Fällen mit einer sogenannten **CPAP**- Überdruckmaske (**C**ontinuous **P**ositive **A**irway **P**ressure)behandelt. Mit Hilfe eines Gebläses wird Luft mit Überdruck von 5 bis 20 Millibar in die Lunge gepresst. Dieses verhindert das Zusammenfallen der Atemwege und lindert damit die Atemaussetzer. Die Wirkung hält nur so lange an wie die Maske genutzt wird. Somit ist es notwendig die künstliche Beatmungshilfe die ganze Nacht zu tragen. Seit Einführung dieser Therapie Ende der 80iger Jahre konnte die Häufigkeit von Folgeerkrankungen bei den Anwendern der CPAP-Maske merklich reduziert werden. Die Wirksamkeit dieser Anwendung setzt einen korrekten Beatmungsdruck und eine optimale Maske voraus.

Allerdings liegen diese Optimalbedingungen in vielen Fällen nicht vor. Deshalb kommt es leider bei der CPAP-Therapie zu häufigen Problemen und Nebenwirkungen. Diese können so schwerwiegend sein, dass der Patient die Therapie frustriert abbricht. Viele CPAP-Maskenträger berichten von folgenden Nebenwirkungen und Beeinträchtigungen:

- Nächtliche Panikattacken aus Angst vor dem Ersticken, da das Ausatmen durch die Maske sehr beschwerlich ist
- Druckstellen durch das Tragen der Maske
- Kontaktallergien aufgrund von Materialunverträglichkeiten
- Schwellungen und Entzündungen der Augen weil die Maske undicht sein kann (austretende Beatmungsluft bläst permanent in die Augen)

- Starke Blähungen durch die Luft im Magen, verursacht durch Beatmungsüberdruck
- Brust-oder Lungenschmerzen, da man kontinuierlich gegen einen Druck ausatmen muss
- Langzeitschäden (Bronchiektasen) der Lunge sowie Lungenentzündungen durch Mikroaspirationen infolge der Maskenbeatmung
- Häufiger auftretende Erkältungskrankheiten bei Nutzung der Atemmaske
- Trockene Mund- und Nasenschleimhäute durch die künstliche Beatmung
- Übermäßiger nächtlicher Harndrang
- Laute Geräusche durch die technische Beatmungshilfe, vor allem wenn diese verrutscht
- Einschränkung des Zusammenlebens mit dem Partner/in wegen des Atemgerätes
- Bewegungsbeeinträchtigung während des Schlafes
- Die Maske kann bei Erkältungen oder Heuschnupfen nicht oder nur sehr eingeschränkt verwendet werden.
- Trotz Reduzierung der Atemaussetzer durch die CPAP-Maske verbleibt häufig ein hohes gesundheitliches Risiko, da die Anzahl der Apnoen nicht ausreichend reduziert wird

Da die CPAP-Therapie keine Heilung der Schlafapnoe ermöglicht, muss die Maskenbeatmung ein Leben lang angewendet werden. Aus einer Vielzahl von Patientenberichten geht hervor, dass das CPAP-Beatmungsverfahren oftmals die Atmungsstörung nicht ausreichend therapiert (verbleibende Atemaussetzer von mehr als 10 pro Stunde Schlaf) Aus der Praxis ist auch bekannt, dass etwa 20% bis 30% der Patienten die von ihrem Arzt verordnete CPAP-Therapie nicht konsequent und regelmäßig einsetzen, da sie die Atemmaske nicht vertragen. In diesen Fällen bleibt der Therapieerfolg aus. Im Gegenteil: Diese Patientengruppen sind durch die Folgeerkrankungen, insbesondere des Herz- und Kreislaufsystems, nach wie vor in hohem Maße gefährdet. Nicht selten führt dann eine nicht behandelte Schlafapnoe zu einer deutlichen Verkürzung der Lebenserwartung. Um dies zu verhindern, muss die CPAP-Überdruckbeatmungstherapie während der Schlafphase konsequent und ohne Unterbrechungen durchgeführt werden. Ist dies aus den oben genannten Gründen nicht möglich, sollte dringend ein Facharzt aufgesucht werden, um eine geeignete alternative Therapieform zu finden.

Das lebenslange Tragen der CPAP-Maske lässt sich nur dann vermeiden, wenn die Ursache der obstruktiven Schlafapnoe durch einen operativen Eingriff beseitigt wird. Bei dieser Operation werden durch das Vorverlagern des Ober- Unterkiefers die oberen Atemwege dauerhaft erweitert.

Durch die von Prof. Sailer entwickelte, und weltweit einzigartige Operationsmethode „Rotation Advancement" wird die Schlafapnoe für immer geheilt. Die Nebenwirkungen der CPAP-Maske sowie die Einschränkungen der Lebensqualität gehören dann der Vergangenheit an.

http://www.schlafapnoe.com/de/therapie/behandlung-mit-cpap-geraet/

Über eine weitere Behandlung mittels Zungenschrittmacher wird folgendes berichtet:

Behandlung mittels Zungenschrittmacher

(Diese Therapieform wird in der Klinik Professor Sailer nicht angewandt, weil sie keine Heilung der Schlafapnoe ermöglicht.)

Da Atemaussetzer und Atemstörungen sich negativ auf das gesamte Herz- und Kreislaufsystem auswirken, werden neue Behandlungsformen wie der Zungenschrittmacher in der Praxis erprobt.
Unter Federführung der Berliner Charité wurde im Jahr 2012 testweise begonnen, Zungenschrittmacher bei Betroffenen zu implantieren. Dies soll die Atemstillstände im Schlaf verhindern und somit auch gegen das Schnarchen helfen.
Der Zungenschrittmacher wird - wie ein Herzschrittmacher auch – kurz unterhalb des Schlüsselbeins eines Schlafapnoikers eingesetzt. Eine Sonde, die mit einem Kabel mit dem Gerät verbunden ist, misst im Bereich des Rippenbogens die Bewegungen des Zwerchfells und registriert Atembewegungen und Atemfrequenz. Stellt der Zungenschrittmacher gefährliche Atempausen fest, stimuliert er mittels eines Stromimpulses den Zungennerv „Hypoglossus". Dies sorgt dafür, dass der Zungenmuskel angespannt bleibt und die Zunge so nicht nach hinten fallen und den Atemweg verschließen kann.
Was in der Theorie sehr gut klingt, hat in der Praxis erhebliche Einschränkungen. Limitierend ist, dass nicht jede Patientengruppe mit dieser Methode therapiert werden kann. Ausschlusskriterien sind beispielsweise ein kleiner Kiefer, Übergewicht, vergrößerte

Mandeln oder bestehende Herzerkrankungen. Diese aufwendige Operation kommt nach Ansicht von Experten nur für ein bis zwei Prozent der Betroffenen in Frage. Das liegt insbesondere daran, dass gerade bei Schlafapnoikern die genannten einschränkenden Faktoren überdurchschnittlich häufig festzustellen sind.

Hauptkritikpunkt dieses inplantierbaren Pulsgenerators (IPG) ist jedoch die Tatsache, dass es sich bei dem genannten Verfahren nicht um eine Ursachenbeseitigung und somit Heilung handelt, sondern nur um eine rein symptomatische Therapie. Dies bedeutet, dass die Schlafapnoesymptome lediglich zu einem gewissen Teil unterdrückt werden und dies auch nur bei regelmäßiger nächtlicher Nutzung. Eine erste große Studie mit 126 Patienten, die im „New England Journal of Medicine" erschienen ist, hat gezeigt, dass ein Zungenschrittmacher die Anzahl der Atemaussetzer im Durchschnitt lediglich um 68% reduziert. Daraus ergibt sich, dass Patienten auch mit Benutzung eines Zungenschrittmachers, nicht beschwerdefrei sind.

Durch das operative Einsetzen der Stimulationselektrode kann der Unterzungennerv beschädigt werden, was zu Zungenbewegungsstörungen, Schluckstörungen und Sprechstörungen führen kann. Bei der Verbindung der Elektroden mit dem IPG besteht zudem die Gefahr, dass größere Adern, wie zum Beispiel Halsgefäße, sowie Nerven verletzt werden können. In diesem Fall müssten dann weitere Schnitte im Hals- bzw. Brustbereich erfolgen. In seltenen Fällen wurden auch allergische bzw. unverträgliche Reaktionen auf das eingebrachte Material beobachtet. Bei diesen Patienten musste dann der Zungenschrittmacher in einer weiteren Operation wieder entfernt werden.

Die Batterie des Stimulatorsystems muss zudem in regelmäßigen Abständen ausgetauscht werden. Je nach Nutzungsdauer geschieht dies etwa alle 6 bis 7 Jahre und macht dann jeweils einen neuen operativen Eingriff erforderlich.

Da die Behandlung mittels Zungenschrittmacher erst vor ca. 5 Jahren eingeführt wurde, liegen folglich noch keine verlässlichen Daten über die Langzeitverträglichkeit vor. Offen bleibt auch die Frage, ob sich die dauernde Verwendung und Stimulation durch Stromimpulse nicht negativ auf den Zungennerv auswirkt. Auch wenn der Zungenschrittmacher inzwischen eine sogenannte CE-Zulassung hat und in Europa verwendet werden darf, steht eine abschließende Beurteilung der Nutzen und Risiken noch aus.

http://www.schlafapnoe.com/de/therapie/heilung-der-schlafapnoe/

Ein weiterer Bericht „Endgültige Heilung durch Ursachen-behandlung".

Endgültige Heilung durch Ursachenbehandlung

Nie mehr Atemaussetzer und Schnarchen

Professor Sailer ist ein renommierter Spezialist für Mund-,Kiefer- und Gesichtschirurgie und befasst sich seit mehr als 25 Jahre mit der obstruktiven Schlafapnoe. Er entwickelte an der Universitätsklinik Zürich die nachweislich erfolgreiche Operationsmethode zur lebenslangen Heilung **„Rotation Advancement"**, die in der Klinik Professor Sailer bereits ein Routineeingriff ist.

Durch die Operation werden die Atemwege für immer erweitert. Dieses Verfahren wurde an der Universitätsklinik Zürich von Professor Sailer vor mehr als 25 Jahren entwickelt und bereits mehr als tausend Mal angewandt. Diese sogenannte „Rotation Advancement" Methode führt zur Heilung der Schlafapnoe. Das wird durch anschließende Schlaflaboruntersuchungen bestätigt und in wissenschaftlichen Studienergebnissen gezeigt.

(/fileadmin/user_upload/study_results.pdf)

Erholsamer Schlaf ohne Schnarchen und Atemstillstände

Die Neupositionierung von Ober- und Unterkiefer führt zu einer Vorverlagerung der Zunge, Gaumen und Gaumenbögen. Somit werden die Atemwege dauerhaft erweitert. Dies beseitigt die lebensbedrohenden nächtlichen Atemaussetzer und in den meisten Fällen auch das Schnarchen.

Deutlich mehr Leistungsfähigkeit im Alltag

Durch die Atemwegserweiterung wird die Sauerstoffsättigung im Blut bis zu 100% erhöht. Die erhöhte Sauerstoffzufuhr wirkt sich positiv auf alle Organe und den ganzen Körper aus. Der Patient hat einen erholsamen Schlaf, ist tagsüber ausgeruht, leistungsfähiger und hat nach Aussagen vieler Patienten wieder eine erhöhte Libido.

Bluthochdruck

Bei fast allen Patienten, die sich der Schlafapnoe-Operation unterzogen haben, konnte schon nach kurzer Zeit ohne Einnahme von blutdrucksenkenden Medikamenten eine Normalisierung des Blutdrucks erreicht werden.

http://www.schlafapnoe.com/de/therapie/heilung-der-schlafapnoe/

„Schnarcher müssen nicht gefährlich leben".

Tübinger Forscher haben Schnellverfahren für die Diagnostizierung der Schlafapnoe entwickelt

Tübingen.

Mann über 40 Jahre schnarcht unüberhörbar, hat Übergewicht und dazu noch Bewegungsmangel – wer zu dieser Kategorie von Männern zählt, lebt nicht ungefährlich: Der Bertoffene erwacht zwar, weil er sonst ersticken würde, er wirkt aber nie ausgeschlafen, sondern fühlt sich immer matt.

Die Folgeschäden der sogenannten Schlafapnoe sind schleichende Gehirnschäden, Herz- und Kreislauferkrankungen und Müdigkeit. Sie kann im Gegensatz zu früher rasch diagnostiziert werden (wir haben in unserer Wochenendausgabe „Heimat und Welt" darüber berichtet).

Ein Forschungsteam der Tübinger Augenklinik mit Barbara und Helmut Wilhelm haben ein neues Verfahren entwickelt, mit dem innerhalb von 15 Minuten festgestellt werden kann, ob eine außergewöhnliche Schläfrigkeit vorliegt. Bisher war dazu ein zeitaufwendiger Aufenthalt in einem Schlaflabor mit einer Wartezeit bis zu einem Jahr erforderlich.

Die exakte Diagnose der Schlafapnoe bereitete bisher große Schwierigkeiten. Die Schlafmedizin kannte kein Verfahren, mit dem die Schläfrigkeit genau festzustellen und zu messen ist. Bei Patienten, die an Schlafapnoe leiden, weichen aber die Pupillenausschläge deutlich von den Durchschnittswerten gleichaltriger Erwachsener ab.

Die Tübinger Forscher haben nun daraus zur Diagnose die „Infrarot-Video-Pupillographie" entwickelt. Mit ihr kann das Ausmaß von Übermüdung und Einschlafgefährdung zuverlässig erkannt werden. Dabei wird das spontane, durch den Willen nicht beeinflussbare Pupillenverhalten der Augen in einem abgedunkelten Raum vor der Kamera gemessen.

Oberarzt Wilhelm schätzt die Dunkelziffer der Schlafapnoekranken sehr hoch. Zwei bis drei Prozent der Gesamtbevölkerung und rund zehn Prozent der über 40jährigen Männer leiden nach seinen Angaben unter einer Schlafapnoe. Gefährdet sind vor allem Männer, die sehr laut schnarchen sowie zudem noch Übergewicht und Bewegungsmangel haben.

Der volkswirtschaftliche Schaden dieser Krankheit ist nach Überzeugung der beiden Forscher nicht zu unterschätzen. So sei bei den Betroffenen das Unfallrisiko statistisch dreimal höher als bei Vergleichsgruppen. Vermutlich geht nach Wilhelm ein Drittel der tödlichen Autounfälle auf Einschlafen am Steuer zurück.

Wenn die Betroffenen von ihrem Leiden wissen, ist die Behandlung relativ einfach, betonten die Wilhelms. In der Nacht kann ein Beatmungsgerät mit einer Maske benutzt werden. Dadurch wird die Blockade der Luftwege durch die Zunge verhindert und es ist wieder ein ungestörter Tiefschlaf möglich.

Die Arbeiten hat das Forschungsförderprogramm des Tübinger Universitätsklinikums („Fortüne"-Programm) ermöglicht. Fortüne unterstützt seit zwei Jahren Projekte aus der klinisch angewandten patientennahen Forschung sowie medizinische Grundlagen- und technologische Anwendungsforschung.

Gea 17.12.1996

Ein Bericht aus „Gea Heim und Welt" geschrieben von „LuP" ernstzunehmende Atemstörungen können Ursache für nächtliches Schnarchen sein:

Den lauten Schläfern droht große Gefahr

Für jeden zehnten Mann im mittleren Alter kann der Schlaf zu einer lebensbedrohenden Sache werden. Der Grund: Nächtliche Atemstörungen. Jeder Mensch hält im Schlaf ab und zu den Atem an, das ist vollkommen normal und auch nicht weiter tragisch. Bei manchen Menschen, insbesondere Männern um die Vierzig, treten diese Atemstillstände so häufig auf, dass ein gesundheitliches Risiko entsteht. Mediziner sprechen dann von der sogenannten Schlaf-Apnoe. Bei dieser Krankheit kann der Atem 100 bis 700mal pro Nacht stocken, die Atemstillstände können bis zu drei Minuten andauern. Der Schläfer selbst merkt davon nichts, höchstens seine Partnerin, denn das Luftholen kündigt sich mit einem lauten, explosionsartigen Schnarcher an.

Symptome dieser Krankheit sind chronische Müdigkeit und Abgeschlagenheit. Die Betroffenen fühlen sich schon morgens beim Aufwachen schlapp und unausgeschlafen. Dies ist auch kein Wunder, denn die Nachtruhe wird durch die ständigen Atemstillstände immer wieder gestört: Wenn der Sauerstoffgehalt im Blut auf einen kritischen Wert abgesunken ist, ertönt sozusagen eine innere Alarmglocke. Der Schläfer muss kurzzeitig aufwachen, um Luft zu holen, und schläft dann sofort wieder ein.

An dieses Aufwachen kann man sich morgens nicht mehr erinnern, man verspürt lediglich die Nachwirkungen, fühlt sich trotz ausreichend Schlaf todmüde, ist gereizt und reagiert oft aggressiv. Schwierigkeiten mit der Familie, der Partnerin oder am Arbeitsplatz stellen sich zwangsläufig ein. Neben diesen Beschwerden drohen dem Schlaf-Apnoiker auch ernste Folgeerkrankungen wie Bluthochdruck, Herz-Rhythmusstörungen oder sogar Herz-Kreislauf-Versagen mit Todesfolge.

Der Marburger Schlafforscher Dr. Hermann Jörg Peter schätzt, dass in der Bundesrepublik etwa zwei Millionen Männer an Schlaf-Apnoe leiden. Rund 200 000 sind akut gefährdet, im Schlaf einem plötzlichen Herztod zu erliegen. Die Gefahr ist besonders groß, wenn Schlafapnoe mit weiteren Risikofaktoren wie Übergewicht oder Bluthochdruck kombiniert ist.

Die Behandlung der Krankheit ist heute möglich. Notwendig dazu ist die genaue Diagnose in einem speziellen Schlaflabor. Dort werden neben der Atmung der Sauerstoffgehalt des Blutes, die Herzfrequenz und der Blutdruck gemessen. Steht die Diagnose Schlaf-Apnoe fest, kann eine medikamentöse Therapie mit dem Wirkstoff Theophyllin erfolgen, einem aus der Asthma-Therapie bekannten Medikament. Bestehen bereits Folgeerkrankungen wie Bluthochdruck oder Herz-Rhythmusstörungen, müssen diese mitbehandelt werden. Auch Übergewicht muss abgespeckt werden. *Gea (LuP)*

Der schnarchende Mann bereitet der Frau oftmals schlaflose Nächte. Natürlich kann auch die Frau, wenn sie schnarcht, dem Mann schlaflose Nächte bereiten.

Schnarchen kann erhebliche soziale Auswirkungen haben, beispielsweise in einer Beziehung.

Bildquelle: Jenny Sturm – 535895431 / Shutterstock.com

Noch ein Bericht: „Alles schläft, einer wacht", aus „Gea Heimat und Welt" über „Wolfgang Dettweiler und sein Schlaflabor. Wolfgang Dettweiler war der erste, der bei mir die Schlafapnoe erkannte und mich auf die Schillerhöhe in Stuttgart eingewiesen hat. Fotos von Gerlinde Trinkhaus.

Alles schläft, einer wacht

Ohne ihn können wir nicht sein, und meistens möchten wir mehr davon: Doch der Schlaf, der ein Drittel unserer Lebenszeit einnimmt, ist für viele ein Problem. Die Ursachen werden oft nicht erkannt. Modernste Technik kann helfen: Eine Nacht im Reutlinger Schlaflabor gibt wichtige Aufschlüsse.

Heute Abend schläft Otto Müller (Name von der Red. geändert) außer Haus. Nicht bei seiner Freundin, auch nicht im Hotel, sondern im Schlaflabor. Um 21 Uhr darf er sich ins frischüberzogene Bett legen. Dann wird er „verkabelt". Zahlreiche Elektroden sollen über Nacht seine Hirnströme, Atmung, Augenbewegungen, Schnarchgeräusche, Herztätigkeit, den Sauerstoffgehalt im But und die Körperlage aufzeichnen. Warum das alles? „Seit langem fühle ich mich tagsüber wie zerschlagen. In Konferenzen nicke ich ein, was mir schrecklich peinlich ist. Beim Autofahren muss ich ständig eine Pause machen und Kaffee trinken, um nicht am Steuer einzuschlafen. Morgens brauche ich drei Wecker, um wach zu werden, und das, obwohl ich zeitig ins Bett gehe", schildert der 46 Jahre alte Büroangestellte die Symptome, die ihn ins Schlaflabor geführt haben.

Dort ist feststellbar, ob an seiner Leidensgeschichte das „Schlafapnoe-Syndrom" schuld sein könnte. Wenn ja, dann spielt sich sein Schlaf, wie bei allen, die von dieser Erkrankung betroffen sind, ungefähr so ab: Gerade eingeschlafen, lässt wie auch beim gesunden Schläfer die Muskelspannung im Körper nach. Das betrifft auch die Halsmuskulatur. Bei Otto Müller allerdings reicht die im Schlaf vorhandene Muskelspannung nicht aus, seine ohnehin relativ engen Atemwege offenzuhalten. Er kriegt keine Luft mehr. Diese Atempausen können jeweils zwischen zwanzig Sekunden und zwei Minuten dauern. Sein ganzer Organismus leidet in dieser Phase unter akutem Sauerstoffmangel.

Bevor Otto Müller allerdings Gefahr liefe zu ersticken, veranlasst sein Gehirn, dass er aus dem Tiefschlaf aufwacht. Dabei wird der Schlafende zwar nicht richtig wach, aber sein Schlaf ist gestört. Dieses „Aufwachen" äußert sich in einem ohrenbetäubenden Schnarchen: Otto Müller schnappt regelrecht nach Luft. Dadurch spannt sich die Halsmuskulatur wie im Wachzustand und die Atemwege sind wieder frei – solange bis dieses für den Betroffenen gesundheitsschädliche Schauspiel wieder von vorne beginnt.

Menschen mit Schlafapnoe-Syndrom stehen nachts unter Dauerstress. Kaum in den Schlaf gefallen, weckt sie der eigene Körper wieder auf. So kommen sie viel zu selten in den erholsamen Tief- und Traumschlaf und sind tagsüber todmüde. In den meisten Fällen sind, wie bei Otto Müller, anatomische Probleme, zum Beispiel ein kurzer, dicker Hals, der Auslöser für die auf Dauer lebensgefährdenden Atemregulationsstörungen.

Wird das gefährliche Schnarchen über mehrere Jahre nicht behandelt, können Herzerkrankungen, Schlaganfälle und Bluthochdruck die Folge sein. Ganz abgesehen davon, dass die Betroffenen quasi an chronischem Schlafentzug leiden, weniger leistungsfähig sind und sich zu Hause verkriechen. Die Vorstellung, am Kneipentisch, im Kino oder Theater einzuschlafen, ist ihnen ein Graus. Dabei haben sie viele Leidensgenossen. Untersuchungen deuten darauf hin, dass das Schlafapnoe-Syndrom so verbreitet sein könnte wie zum Beispiel Diabetes, Bluthochdruck oder Asthma.

Nicht jeder, der im Schlaf Atempausen macht und womöglich einen ganzen Wald absägt, ist gleich krank. Charakteristisch für diese Schlafstörung sind Atemstillstände, die länger als zehn Sekunden dauern, und das daraufhin einsetzende ohrenbetäubende Schnarchgeräusch. Oft ahnen die Schlafgestörten nichts von ihrem eigentlichen Problem. Dabei ist es ganz leicht zu lösen, nämlich mit einer speziellen Atemmaske. Sie bläst Luft in die oberen Atemwege und hält diese dadurch wie mit einer Schiene im Schlaf frei. Dann können die Betroffenen ganz normal Luft holen.

„Zum ersten Mal seit Jahren wieder geschlafen", ist ein Satz, den der Reutlinger Internist und Pneumologe Dr. Wolfgang Dettweiler immer wieder von seinen Patienten hört, nachdem er ihnen eine solche Maske angepasst hat. Wie sein Kollege Karlheinz Weible beschäftigt er sich seit langem intensiv mit dem Thema Schlafstörungen. Gemeinsam haben beide jetzt, in Reutlingen ein vier Betten zählendes Schlaflabor eingerichtet. „Aus beruflicher Neugier heraus, um noch mehr über den Schlaf zu lernen und um den Patienten zu helfen", so Wolfgang Dettweiler.

Dr. Dettweiler im Reutlinger Schlaflabor an den Überwachungsgeräten Foto Gerlinde Trinkhaus

Denn Schlaflaborplätze sind in Deutschland im Unterschied zu den USA Mangelware. Warte- und damit Leidenszeiten von bis zu elf Monaten müssen Betroffene nicht selten in Kauf nehmen. Dabei könnte ihnen eigentlich ganz schnell geholfen werden. Nach zwei Nächten **ü b e r w a c h t e m** Schlaf im Labor wird die Atemmaske angepasst. Sie wirkt so überzeugend, dass es sogar der Briefträger merkt. Der erkundigte sich bei der Frau eines Schlafapnoe-Patienten, ob es ihrem Mann gut gehe. Er habe ihn frühmorgens schon einige Zeit nicht mehr schnarchen hören. Auch der junge Berufskraftfahrer, der innerhalb von sechs Wochen dreimal sein Auto zu Schrott fuhr, kann mit Hilfe der Maske jetzt wieder seinen Job machen. „Prima" fühlt sich auch wieder der nette ältere Herr aus Rottenburg, der früher auf der Strecke zwischen Tübingen und Stuttgart dreimal sein Auto anhalten und schlafen musste. Seit er nachts die Maske trägt, ist das Schnee von gestern.

Was sich nach Pritsche, Technik und vielen Kabeln anhört, ist in Wahrheit ein komfortables Bett. Im neuen Reutlinger Schlaflabor jedenfalls sieht`s fast aus wie im Hotel. Der Vorteil: Ein Klinikaufenthalt ist nicht nötig. Die Schlafwilligen kommen abends, und gehen morgens gleich wieder zur Arbeit - Frühstück inbegriffen. Zwei Nächte müssen Patienten mit Verdacht auf Schlafapnoe-Syndrom oder andere organisch bedingte Schlafstörungen dort verbringen, damit eine Diagnose gestellt werden kann. Solange die Patienten schnarchen, bastelt der Computer aus den gemessenen Daten die individuelle „Polysomnographie". Sie stellt alle während des Schlafs gemessenen Daten graphisch dar, damit eine eindeutige Diagnose möglich ist. Aus Sicherheitsgründen werden die Schnarchenden mit Hilfe einer Infrarot-Kamera über Bildschirm und PC ärztlich überwacht.

Auch andere organisch bedingte Schlafstörungen, wie zum Beispiel das „Restless-Legs-Syndrom", bei dem starke Muskelzuckungen in den Beinen den Betroffenen den Schlaf rauben, können im Labor diagnostiziert werden. Noch kann sich allerdings nicht jeder dieses Vergnügen leisten. Ob die Nacht im Reutlinger Schlaflabor von der Kasse finanziert wird, ist noch nicht ganz geklärt. Die beiden Ärzte, die mit ihrem eigeninitiierten Unternehmen in der Region Pionierarbeit leisten, berichten allerdings von „erfreulichen Gesprächen" mit verschiedenen Kassen.

Gea Gabriele Förder in „Heimat und Welt"

Verkabelt: An Elektroden angeschlossen legen sich die Patienten im Schlaflabor zur Ruhe. Modernste Technik überwacht den Schlaf: Computer zeichnen relevante Daten wie Hirnströme,

Augenbewegungen und Schnarchgeräusche auf. Mit Hilfe dieser Informationen versucht Wolfgang Dettweiler den Ursachen der Schlafstörungen auf die Spur zu kommen.

Falls Morpheus streikt

Wieder eine Nacht wachgelegen? Im Bett Probleme gewälzt und den Terminkalender durchgekaut? Das ist weniger schlimm als es sich anfühlt. Und nur die wenigstens Fälle müssen mit einer speziellen Atemmaske behandelt werden.

„Es ist nicht gefährlich, schlecht zu schlafen", stellt Dr. Henner Giedke fest. Der Neurologe und Psychiater an der Tübinger Universitätsklinik für Psychiatrie und Psychotherapie weist allerding darauf hin, dass dies nur gilt, wenn organische oder psychische Erkrankungen wie zum Beispiel eine Depression als Ursache der nächtliche Probleme ausgeschlossen sind. Und dies ist immerhin bei einem Drittel aller Schlafstörungen der Fall. Sie sind in erster Linie subjektiv wahrgenommene Beschwerden und anders als zum Beispiel das Schlafapnoe-Syndrom nicht im Schlaflabor nachweisbar. Schlecht einschlafen, häufig aufwachen, tagsüber müde, unkonzentriert und reizbar – ein miserabler Zustand, aber in der Regel harmlos. Denn die durchschnittliche Schlafdauer von täglich sieben bis acht Stunden enthält ein Sicherheitspolster. Schlafforscher gehen davon aus, dass der Mensch auch mit nur fünf Stunden Schlaf seiner Gesundheit nicht schaden würde. Praktisch alles ist möglich, denn Schlaf ist eine ganz individuelle Angelegenheit. Giedke: „Es gibt keine starren Normen, wie jemand zu schlafen hat". Dem Kurzschläfer reichen vier Stunden der Langschläfer braucht dreimal so viel.

Beruflicher Stress, eine Beziehungskrise oder die Trauer über den Verlust einen geliebten Menschen sind häufig Auslöser für Schlafstörungen. Je nach Veranlagung regiert der eine auf belastende Situationen mit einem Magengeschwür, der andere mit schlechtem Schlaf. Behandlungsbedürftig werden Schlafprobleme dann, wenn sie über einige Wochen hinweg anhalten und der Betroffene einfach keine Lust mehr hat, so weiter zu machen.

Aber auch dann müssen es nicht immer Schlaftabletten sein. Milde, natürliche Mittel bei leichteren Schlafstörungen sind zum Beispiel Baldrian oder Melisse. Sie helfen nachweislich dabei, die Einschlafzeit zu verkürzen und die Tiefschlafmenge zu erhöhen. Henner Giedke nennt außerdem einige einfache schlaffördernde Maßnahmen: Zum Beispiel nicht hellwach im Bett liegen und verzweifelt auf den Schlaf warten, Tagesnickerchen vermeiden, den Abend ruhig ausklingen lassen, Rituale pflegen, die das Zubettgehen einleiten - zum Beispiel lesen, Radio hören, die Abendtoilette oder ähnliches.

Wer gut schlafen möchte, sollte Kaffee und Alkohol abends gar nicht oder nur in Maßen genießen. Regelmäßige Schlafenszeiten – auch am Wochenende eingehalten – unterstützen ebenfalls die Schlaffähigkeit. Auch Entspannungstechniken, die bei Krankenkassen und Volkshochschulen gelernt werden können, lindern Ein- und Durchschlafprobleme.

Wer damit nicht weiterkommt, sollte sich entweder an seinen Hausarzt oder direkt an die Schlafambulanz der Tübinger Universitätsklinik für Psychiatrie und Psychotherapie Telefon 0 70 71/2 98 23 07 oder 2 98 36 09, wenden.

Gea Gabriele Förder in „Heimat und Welt

Ein etwas anderer Bericht über ein „Schnarchmuseum von Schlafmediziner Wirth geschrieben von Christina Sticht im Reutlinger Generalanzeiger vom 5. Januar 2018. Fotos von Holger Höllemann. dpa

Luft holen im Schnarch-Museum

Kuriosität – Schlafmediziner Wirth hat eine Sammlung rund um das menschliche Phänomen erstellt.

Von Christina Sticht

Nasenklammern, Zahnschienen, gepolsterte Westen und Beatmungsgeräte – Josef Alexander Wirth (67) ist ständig auf der Jagd nach neuen Erfindungen gegen das Schnarchen. In seinem einzigartigen Schnarchmuseum im südniedersächsischen Alfeld präsentiert der Schlafmediziner Kurioses und Lehrreiches zu dem Phänomen, das schon unzählige Ehepartner zur Verzweiflung gebracht und sogar Paare entzweit hat. Bis etwa zum 50. Lebensjahr schnarchen überwiegend die Männer, nach der Menopause holen die Frauen auf", erläutert der Internist. Wirth möchte, dass die Besucher „lachend das Museum betreten und belehrt wieder herausgehen".

Rund 300 Objekte

Anfang Dezember ist die Sammlung mit rund 300 Objekten in neue Räume umgezogen. Das Hochwasser der Warne im Juli hatte die alte Halle überschwemmt, rund 50 Zentimeter hoch stand das Wasser. „Es ist jetzt viel schöner als vorher", sagt der Sammler. Auf 93 Quadratmetern gibt es nun vier thematisch geordnete Räume, in einem von ihnen ist mit wuchtigen Geräten und Schaufensterpuppen ein Schlaflabor aus dem Jahr 1985 eingerichtet.

Kaum ein anderes Leiden hat Wirth zufolge seit dem 19. Jahrhundert bis heute so viele Erfinder inspiriert. Je nachdem, woher das Schnarchen kommt, wird an verschiedenen Stellen angesetzt. Einige Menschen sägen, knattern und röcheln nur in Rückenlage. In einer Vitrine liegt eine Kanonenkugel, solch eine wurde Soldaten im amerikanischen Bürgerkrieg in die Uniform genäht, um ihren Schlaf und damit ihre Leistungsfähigkeit im Gefecht zu verbessern. Später gab es diverse Rückenapparaturen. „Man kann es aber auch mit einem Rucksack und einem Basketball darin ausprobieren, damit man sich im Schlaf nicht auf den Rücken dreht", meint der Arzt.

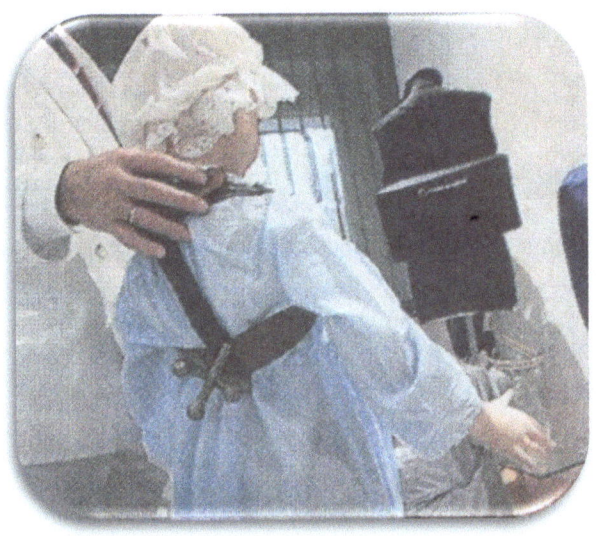

Auf den Rücken geschnallte Metallkugeln, die den Schlaf auf dem Rücken verhindern sollen.

Muskulatur erschlafft

Bei einem Schnupfen oder nach zu viel Alkohol schnarcht so gut wie jeder. Etwa zwei Drittel der Bevölkerung gelten als Gewohnheits-Schnarcher. Die Geräusche entstehen, wenn die Atmung durch die Nase eingeschränkt ist und die Muskulatur im Rachen erschlafft. Bei jedem vierten Mann und jeder siebten Frau im mittleren Alter ist das Schnarchen mit gefährlichen Atemaussetzern verbunden – sie leiden unter der sogenannten Schlafapnoe.

„Lösungen für das Problem kann man nur individuell finden", sagt Wirth. Viele Hilfsmittel funktionierten nicht, auch sollte man sich nicht vorschnell für eine Operation zum Beispiel am Zäpfchen oder der Nasenscheidewand entscheiden. Zu den neuen Objekten der Sammlung zählt ein Didgeridoo: Schweizer Forscher haben herausgefunden, dass das Spielen des Instruments Patienten mit einem leichten Schlafapnoe-Symptom hilft, weil es die Muskeln stärkt, die die oberen Atemwege offenhalten.

Schlafmediziner Wirth führt zuweilen nach Vereinbarung selbst Schlafapnoe-Selbsthilfegruppen durch seine Ausstellung. Das Museum ist sonst mittwochs, samstags und sonntags von 15 bis 18 Uhr geöffnet und zählt etwa 1 000 Gäste jährlich. Manche verbinden den Besuch mit einer Besichtigung des Alfelder Weltkulturerbes Fagus-Werk, das 1911 von Bauhaus-Gründer Walter Gropius errichtet wurde.

Wirth sammelt nicht nur, sondern forscht auch zur Geschichte und zu den Ursachen des allzu menschlichen Phänomens. So ist er dabei, gemeinsam mit einem Altphilologen die wohl erste Dissertation zu dem Thema mit dem Titel „Vom Schnarchen der Schlafenden" aus dem Jahr 1745 aus dem Lateinischen ins Deutsche zu übersetzen."Das Original wurde vor einem Jahr in der Universitätsbibliothek in Magdeburg gefunden", sagt der Museumschef. Die Quelle sei faszinierend. „So wurden zum Beispiel schon damals Atemaussetzer bei Hochschwangeren beschrieben".

Schnarcher oft einsam

Die deutsche Gesellschaft für Schlafforschung und Schlafmedizin begrüßt Wirths Privatinitiative. „Die Sammlung ist kulturhistorisch bedeutsam", sagt Vorstandsmitglied Hans-Günter Weeß. Schließlich suchten die Menschen schon seit Jahrhunderten wirksame Mittel gegen das Schnarchen. Auch das gutartige Schnarchen bedeute eine Qual – vor allem für den Partner, der nicht mehr ruhig schlafen könne. „Schnarcher sind oft einsam", sagt Schlafmediziner Weeß. (dpa)

Reutlinger General-Anzeiger Ausgabe 51 von 1996

Ein Bericht: „Schlafforscher schlagen Alarm" vom 21.6.2018 im Reutlinger Generalanzeiger von „Ulrike von Leszcynski.

Schlafforscher schlagen Alarm

Gesundheit. Übermüdete Gesellschaft: Das Lob des frühen Aufstehens finden Wissenschaftler schlichtweg falsch

Von Ulrike von Leszczynski

Berlin. Der frühe Vogel fängt den Wurm, und Morgenstund` hat Gold im Mund? Nicht für den Schlafforscher Hans-Günter Weeß. „Wir sind eine Gesellschaft die den Schlaf nicht schätzt", kritisiert der Psychologe, Mitglied im Vorstand der Deutschen Gesellschaft für Schlafforschung und Schlafmedizin (DGSM). Im Ergebnis sei Deutschland im Vergleich zu Nachbarländern eine übermüdete Nation. Die Nachteile begännen schon beim frühen Schulbeginn. Eine Bilanz zum heutigen „Tag des Schlafs":

Schlaflos in Zahlen

Wenn ein Mensch in einem Monat an mindestens drei Nächten in der Woche kaum einschlafen oder durchschlafen kann, braucht er nach Ansicht von Schlafforschern Hilfe. „Entscheidend ist, ob es am nächsten Tag zu Beeinträchtigungen kommt, zum Beispiel bei Aufmerksamkeit, Konzentration und Gedächtnisleistung", sagt Weeß. „Deutliche Anzeichen für Übermüdung sind auch Gereiztheit, Kopfschmerzen und Magen-Darm-Probleme". Nach Studien der DGSM leiden in Deutschland sechs Prozent der Bevölkerung an chronischen Schlafstörungen – das sind rund 4,8 Millionen Menschen.

Schlafbedürfnis

Forschern zufolge geben die Gene vor, wie viel Zeit jeder im Bett verbringt Für die meisten Menschen seien es sechs bis acht Stunden. Einige brauchen mehr, andere weniger Schlaf. Freiwillige Frühaufsteher und überzeugte Nachteulen folgen ihrer inneren Uhr. „Solche Anlagen können wir uns nicht abtrainieren", berichtet Wissenschaftler Weeß. Der individuelle Biorhythmus lasse sich nicht austricksen. Ein erzwungenes Leben gegen die innere Uhr münde meist in Erschöpfung. Ein Mittagsschlaf helfe nur, wenn er nicht länger als 15 bis 20 Minuten dauere.

Schule

In Deutschland beginnt sie meist zwischen 7 und 8 Uhr. Das ist deutlich früher als in vielen Nachbarländern, die oft erst ab 8.30 Uhr starten. „Wenn wir unser Bildungssystem reformieren wollen, sollten wir ernsthaft darüber nachdenken, die Schule später beginnen zu lassen", sagt Weeß. Studien hätten belegt, dass vor allem Teenager Mathematik-Aufgaben um neun oder zehn Uhr deutlich besser lösten als um acht Uhr. Bei Grundschülern gebe es bei der Konzentrationsleistung einen belegten Zusammenhang zwischen der Entfernung der Schule zum Wohnort. Wer um sechs oder sieben Uhr früh im Schulbus sitzen muss, hat nach Studien deutlich schlechtere Karten.

Arbeitswelt

In Umfragen sprechen sich zwei Drittel der Eltern gegen einen späteren Schulbeginn aus, weil sie in ihren Berufen keine flexiblen Arbeitszeiten haben. „Daran sehen wir, dass das ein gesamtgesellschaftliches Problem ist", sagt Weeß. Dabei brauchen wir alle mehr Schlaf. Wir müssen die Arbeitswelt anpassen". Im Moment passiere aber eher das Gegenteil. Statt flexibler Acht-Stunden-Tage dehne sich die Arbeitszeit durch Internet und mobile

Medien immer weiter aus. „Wir sind bald eine 24-Stunden-Non-Stop-Gesellschaft", kritisiert der Schlaf-Experte Weeß. „Es ist die Frage, ob Supermärkte oder Fitnessstudios rund um die Uhr offen sein müssen". Es gebe laut Studien 200 000 Fehltage pro Jahr wegen Schlafstörungen. „Das heißt, jedes Jahr gehen der deutschen Wirtschaft 60 Milliarden Euro durch die Übermüdung ihrer Mitarbeiter verloren".

Unfälle

Zu wenig Schlaf ist Gift hinterm Steuer. Das relative Risiko, einen Unfall zu bauen, potenziere sich allein schon beim Fahren zwischen zwei und fünf Uhr nachts um das Fünffache, sagt Maritta Orth, Schlafmedizinerin und Lungenfachärztin. Denn in dieser Zeit liege das absolute Leistungstief. Weniger als fünf Stunden Schlaf in der Nacht zuvor können aber auch tagsüber zu deutlich mehr Crashs führen. Denn Übermüdung kann einen ähnlichen Effekt auf den Körper haben wie Alkohol am Steuer – Konzentrationsfähigkeit und Reaktionsgeschwindigkeit lassen nach.

Apnoe

Sie ist die bekannteste Schlafstörung und oft mit heftigem Schnarchen verbunden. Patienten kommen durch mehr als 15 Atemaussetzer pro Stunde nachts nicht in den nötigen Tiefschlaf hinein, bei dem sich der Körper erholt. Zusätzlich fehlt ihnen der Traumschlaf für die seelische Erholung. Dieser Schlafmangel wird am Tag nachgeholt. Betroffene nicken dabei auch gegen ihren Willen ein. Goldstandard für eine Therapie ist eine Nasenmaske, die an einen Druckgenerator angeschlossen ist. Sie sorgt im Schlaf dafür, dass die Zunge an den Mundboden gedrückt wird und den Kehlkopf nicht verschließen kann.

Die Folgen

Rund 80 verschiedene Schlafstörungen sind bekannt. Ihr Zusammenhang mit anderen Krankheiten werde zu häufig noch nicht gesehen, berichtet Orth. Schlafstörungen wie Apnoe können erhöhten Blutdruck, erhöhte Neigung zum Schlaganfall, Herzrhythmusstörungen und plötzlichen Herztod begünstigen, weil sie Gefäßschäden verursachen.

Der kleine Unterschied

Frauen schlafen länger als Männer. Aber sie gelten durch hormonelle Schwankungen, Schwangerschaften und Menopause als anfälliger für Schlafstörungen. Eine große Rolle spielt die Psyche. „Frauen haben dünnere Grenzen", sagt Weeß. „Sie lassen Probleme dichter an sich heran und nehmen sie leichter mit ins Bett". Anspannung aber gilt als Hauptfeind des Schlafs. (dpa)

Reutlinger General-Anzeiger Ausgabe Weltspiegel 21.Juni 2018

Von Gaumenschiene bis Rachenspray

Schluss mit Schnarchen

Das nächtliche Konzert kann bis zu 100 Dezibel erreichen – das ist so laut wie eine Bohrmaschine. Das nervt nicht nur, sondern ist auch für alle Beteiligten ungesund. So stellen sie den nächtlichen Frieden her.

Schiene befreit
Der Schnarcher kann sich eine Anti-Schnarch-Schiene verschreiben lassen, die im Schlaf getragen wird. Sie spannt die Rachenmuskulatur an und zieht den Unterkiefer nach vorne. Dadurch bleiben die Luftwege frei.

Abnehmen hilft
Wird das Körpergewicht reduziert, schrumpfen auch die Fettablagerungen in Hals und Rachen, die die Atemwege im Schlaf verengen und blockieren.

Tennisball verbessert die Lage
Schnarcher sollten nicht auf dem Rücken schlafen. Denn dabei rutscht die Zunge zurück und blockiert die Atmung. Ein eingenähter Tennisball hinten im Schlafanzug verhindert die Rückenlage. Auch spezielle Seitenschläfer-Kissen helfen.

Alkoholverzicht gibt Luft
Etwa zwei Stunden vor dem Zubettgehen keinen Alkohol trinken! Denn er senkt die Atmungsaktivität und das fördert das Schnarchen.

Rachenspray befeuchtet

Oft liegt die Ursache für die Atemgeräusche im Gaumen: Durch die im Schlaf verminderte Muskelspannung erschlafft das Gewebe und vibriert im Luftstrom des Atems. Spezielle Anti-Schnarch-Sprays mit Minzöl (z.B. Snoreeze, Apotheke) befeuchten und straffen die Schleimhäute und verhindern das Vibrieren.

Natürliches Pfefferminzöl befreit die Atemwege

Im Wartezimmer des KKH Reutlingen in einer Arztzeitung gelesen: „Von Gaumenschiene bis Rachenspray.

Mit Laser gegen das Schnarchen

An einer Mülheimer Klinik wird Gewebe am Gaumensegel verdampft.

Laserstrahlen können in einer Operation Menschen vom Schnarchen befreien. Der Hals-Nasen-Ohren-Experte Antoine Aschmann: „Mit einem 2 500 Grad heißen Laser verdampfen wir Gewebe am Gaumensegel". Nach dem Entfernen überschüssiger Schleimhaut an den Zäpfchen höre das Schnarchen auf, sagt der Leiter der Privatklinik Medica in Mühlheim/Ruhr.

Bei der aus den Vereinigten Staaten übernommenen Methode wird ein Laser verwendet, dessen Strahl in einem hohen Takt unterbrochen wird und so das Gewebe schont. „Komplikationen durch Schwellungen und Blutungen können so vermieden werden", sagt Aschmann. Zuvor wird in einem Schlaflabor ermittelt, welche Region im Gaumen fürs Schnarchen verantwortlich ist. Bei der Operation dürfe nicht zu viel Gewebe des Gaumens entfernt werden, so dass danach keine Flüssigkeit vom Mund über den Nasenrachenraum aus der Nase fließt.

Beim krankhaften Schnarchen (Schlafapnoe) handelt es sich indes um eine neurologisch ausgelöste Störung, bei der eine Laseroperation nur ergänzend wirkt. (dpa)

gesundheit

Von schweren Unfällen, auf Autobahnen, auf Landstraßen lesen wir fast täglich in den Tageszeitungen und hören und sehen es in den Medien. Hunderte, ja Tausende solche Mitteilungen erscheinen jährlich in Presse und Rundfunk. Übermüdung und Sekundenschlaf sind vielfach die Ursache, weltweit wird ein Schaden verursacht der in die Milliarden geht.

Ein paar Beispiele aus der jüngsten Vergangenheit erschienen im Reutlinger Generalanzeiger.

Mann schläft am Steuer ein und rammt Eisenzaun

Mössingen.

Sekundenschlaf war den polizeilichen Ermittlungen zufolge die Ursache eines Verkehrsunfalls, der sich am Samstagmorgen gegen 6.45 Uhr in der Röhlerstraße in Mössingen ereignet hat.

Ein offenbar mit Müdigkeit kämpfender 47-Jähriger war mit seinem Auto auf der Röhlerstraße in Richtung Käppelestraße unterwegs, als er am Steuer kurz einnickte. Sein Auto kam nach rechts von der Fahrbahn ab und prallte gegen einen Eisenzaun, der durch die

Kollision auf einer Länge von rund 14 Metern beschädigt wurde, bis der Wagen zum Stehen kam.

An dem Auto entstand nach Darstellung der Polizei wirtschaftlicher Totalschaden in Höhe von rund 7 000 Euro. Der Schaden am dem Zaun wird auf 5 000 Euro beziffert.

Der Führerschein des 47-jährigen Fahrers wurde auf Anordnung der Staatsanwaltschaft noch an der Unfallstelle beschlagnahmt. (pol)

Gea 04.08.2014

Am Steuer eingeschlafen

Geislingen.

Für einen kurzen Moment ist ein 19-Jähriger im Kreis Göppingen am Steuer eingeschlafen – plötzlich stand sein Wagen im Inneren einer Bankfiliale. Der Fahrer kam in der Nacht zum Samstag mit dem Auto in Geislingen an der Steige von der Straße ab und krachte durch das Schaufenster des Geldinstituts. Der Sekundenschlaf kommt den 19-Jährigen teuer: Der Sachschaden wird auf rund 32 000 Euro geschätzt. (dpa)

Gea 06.10.2014

Unfall wegen Sekundenschlafs

Untergruppenbach.

Vermutlich wegen Sekundenschlafs sind zwei Menschen bei einem Verkehrsunfall auf der Autobahn 81 bei Untergruppenbach verletzt worden. Wie die Polizei mitteilte, war ein 37 Jahre alter Lasterfahrer offenbar am Steuer eingenickt und gegen einen Klein-Lkw der Straßenmeisterei geprallt. Dabei wurden dessen 26 und 35 Jahre alten Insassen leicht verletzt. (dpa)

Gea 11.05.2016

Sekundenschlaf: Tödliche Gefahr

Laut ADAC zählt der Sekundenschlaf hinter dem Steuer zu den größten Unfallursachen. Ist es einmal zu spät, lässt er sich fast nicht mehr aufhalten. Daher zählt es zu den wichtigsten Vorsichtsmaßnahmen, Anzeichen so früh wie möglich zu erkennen. Und zu handeln.

Wer müde über den Asphalt rollt, ist laut dem Verkehrsklub in seiner Fahrtüchtigkeit genauso beeinträchtigt, wie jemand, der zu tief ins Glas geschaut hat. 17 Stunden ohne Schlaf wirken sich auf den Körper aus wie 0,5 Promille Alkohol im Blut. Das bedeutet: Die Reaktionsfähigkeit sinkt, die Konzentration leidet, die Selbsteinschätzung wird verfälscht. Kein Wunder, dass eine Studie in Deutschland offenbarte, dass jeder vierte tödliche Verkehrsunfall von schlafenden Fahrern verursacht wurde.

Die Crux bei der Sache: Hat die Müdigkeit einmal zugeschlagen, kann man eigentlich nichts mehr tun. Weder Willensstärke noch Aufbegehren bringen den Körper wieder in Schwung. Ein natürlicher Mechanismus nimmt seinen Lauf.

Auf Anzeichen achten

Daher ist es immens wichtig, so früh wie möglich zu erkennen, dass die Müdigkeit zu- und die Fahrtüchtigkeit abnimmt.

So gehören brennende Augen und schwere Augenlieder zu den deutlichsten Anzeichen. Mit der Müdigkeit verändert sich leicht die Wahrnehmung. Plötzlich wirken die Straßen schmaler. Unbewusst wird der Blick starr auf die Fahrbahn gerichtet. Und plötzlich bemerkt man, dass man ein Verkehrsschild übersehen hat. In diesem Fall ist es wirklich Zeit, die nächste Stoppmöglichkeit zu nutzen. Doch nicht nur in den Augen, auch in der Stimmung macht sich die Müdigkeit breit. Plötzlich reagiert man aggressiver, ungeduldiger. Oder man friert, obwohl sich die Temperatur eigentlich nicht verändert hat.

Oft senkt oder erhöht der Fahrer in solchen Situationen auch die Geschwindigkeit, ohne dass er es wirklich merkt. Daher ist auch ein Beifahrer ein guter Indikator. Warnt der Beifahrer oder macht ihn darauf aufmerksam, dass er müde wirke, sollte dies nicht ignoriert werden, will der Fahrer den bösen Geist des Sekundenschlafs fernhalten. (-djd)

Ist die Müdigkeit einmal da, gibt es kaum mehr Chancen, sich dagegen zu wehren. Foto: dmd

Reutlinger Wochenblatt 24.11.2016

Sekundenschlaf führt zu Unfall

Römerstein.

Wirtschaftlicher Totalschaden in Höhe von 10 000 Euro ist bei einem Unfall am Mittwochnachmittag auf der B 465 bei Römerstein an einem Audi A4 entstanden. Ein 62-Jähriger war in dem Auto um 15 Uhr auf der B 465 von Donnstetten herkommend in Richtung Kreisgrenze unterwegs. Da er kurz einnickte, kam er mit seinem Wagen nach links von der Fahrbahn ab und krachte in die

Leitplanke. Anschließend wurde der Pkw nach rechts abgewiesen und kam nach über 50 Metern auf einer Grünfläche zum Stehen. An dem Audi entstand wirtschaftlicher Totalschaden in Höhe von rund 10 000 Euro. Der Fahrer blieb außer einem gehörigen Schrecken den ersten Erkenntnissen nach unverletzt.(pol)

Gea 01.09.2017

Eingeschlafen und gegen Auto geknallt

Lichtenstein.

Seinen Führerschein für einige Zeit los sein dürfte ein 24-jähriger Autofahrer, der am Sonntag gegen 4:20 Uhr mit seinem VW Polo die Wilhelmstraße befuhr und aufgrund eines Sekundenschlafs gegen einen am Fahrbahnrand abgestellten Pkw prallte. Dieser wurde nachfolgend auf ein weiteres geparktes Fahrzeug geschoben. Das Auto des Unfallverursachers war nicht mehr fahrbereit und musste abgeschleppt werden. Der Sachschaden beläuft sich auf mehrere Tausend Euro. (pol)

Gea 11.09.2017

Vater schläft am Steuer ein

Rutesheim.

Ein Vater ist in der Nähe Rutesheim (Kreis Böblingen) vermutlich hinterm Steuer eingeschlafen und hat so einen Unfall mit vier Verletzten verursacht. Der 57-Jährige war auf der Autobahn 8 Richtung Karlsruhe auf einen Lkw-Anhänger gefahren. Nach Polizeiangaben wurden der Fahrer und sein zwölf Jahre alter Sohn auf dem Beifahrersitz schwer verletzt. Auf dem Rücksitz kamen seine zwei Jahre alte Tochter und die 39 Jahre alte Mutter mit leichten Verletzungen davon. Den Schaden bezifferte die Polizei auf rund 15 000 Euro. Der 38-jährige Lkw-Fahrer blieb unversehrt. (dpa)

Gea 02.08.2018

Am Steuer eingeschlafen: Hoher Sachschaden

Lichtenstein.

Starke Übermüdung ist den polizeilichen Ermittlungen zufolge die Ursache für einen Verkehrsunfall am Dienstag auf der Friedrich-List-Straße. Eine 37-Jährige war dort gegen 10:15 Uhr mit ihrem Peugeot unterwegs. Weil sie aber völlig übermüdet war, folgte sie nicht der rechts abknickenden Fahrbahn, sondern fuhr einfach geradeaus weiter in eine Grundstückseinfahrt. Dort streifte ihr Auto einen geparkten Peugeot, der durch den Aufprall gegen die Hausfassade geschoben wurde und diese beschädigte

Anschließend knallte ihr Wagen gegen einen Anhänger, der deshalb mit Wucht gegen einen Gartenzaun katapultiert wurde und diesen zerstörte. Die Unfallverursacherin wurde bei der Kollision leicht verletzt. Ihr mitfahrender einjähriger Sohn blieb unverletzt. Der Sachschaden wird von der Polizei auf rund 20 000 Euro geschätzt. Der Führerschein der Frau wurde beschlagnahmt. (pol)

Gea 04.02.2019

Wegen Sekundenschlaf am Steuer Kollision verursacht

Rottenburg.

Zu einer Frontalkollision zwischen zwei Fahrzeugen ist es am Samstag auf der Bundesstraße 28 gekommen. Der 21-jährige Fahrer eines Audi befuhr gegen 13:30 Uhr die B 28 von Rottenburg kommend in Richtung Eutingen, als er in einer lang gezogenen Rechtskurve, circa 800 Meter vor der Abfahrt. Seebronn, auf den Gegenfahrstreifen geriet und dort frontal mit der 58-jährigen Fahrerin eines Ford Fiesta kollidierte. Beide Fahrzeugführer wurden bei dem Zusammenstoß leicht verletzt und kamen vorsorglich mit dem Rettungsdienst in ein Krankenhaus. Ersten Ermittlungen nach ist der Unfallverursacher kurz vor dem Unfallgeschehen eingeschlafen. Die beiden Fahrzeuge, an denen Sachschaden in Höhe von 20 000 Euro entstand, wurden vom Abschleppdienst geborgen. Während der Unfallaufnahme und Reinigungsarbeiten war die B 28 voll gesperrt, der Verkehr wurde örtlich umgeleitet. (pol)

Gea 04.02.2019

Unfall wegen Übermüdung

Dettingen/Teck.

Ein junger Autofahrer hat aufgrund von Übermüdung einen schweren Unfall verursacht. Der 19-Jährige sei am Samstagmorgen um 5:20 Uhr auf der B 465 zwischen Dettingen unter Teck und Owen mit seinem Wagen auf die Gegenfahrbahn geraten. Dort prallte er mit dem Auto gegen den Wagen einer 42-jährigen Fahrerin. Die Frau und der 19-Jährige wurden schwer verletzt. (dpa)

Gea 25.02.2019

Am Steuer eingeschlafen

Münsingen.

Ein Sekundenschlaf ist polizeilichen Ermittlungen zufolge die Ursache für einen Verkehrsunfall, der sich am Sonntag auf der B 465. Ereignet hat. Ein 78-Jährige fuhr gegen 13:25 Uhr mit ihrem Auto von Münsingen kommend in Richtung Ehingen. Kurz vor Bremelau schlief sie am Steuer ein und kam in der Folge nach links von der Straße ab. Hierbei überfuhr sie eine Grünfläche und einen Parkstreifen und kam anschließend im Wald zum Stehen. Die Fahrerin und ihr 94-jähriger Beifahrer blieben unverletzt. Der Führerschein der Fahrerin wurde noch vor Ort beschlagnahmt. (pol)

Gea 19.03.2019

Eingeschlafen und Überschlagen

Bad Urach-Sirchingen.

Übermüdung dürfte die Ursache für einen Verkehrsunfall am Montagmorgen in Sirchingen gewesen sein. Eine 19-Jährige war gegen 6:45 Uhr mit ihrem Citroen C1 auf der Hauptstraße unterwegs und kam nach rechts von der Straße ab. Anschließend beschädigte der Wagen einen Leitpfosten und fuhr einen Hang in Richtung Dürrwiesenweg hinunter. Dabei überschlug sich das

Auto und kam schließlich am Baugerüst eines Wohnhauses zum Liegen. Die junge Fahrerin blieb nach derzeitigem Kenntnisstand unverletzt. Ihr Fahrzeug mit Totalschaden musste von einem Abschleppunternehmen abtransportiert werden. (pol)

Gea 02.04.2019

Unfall beim Sekundenschlaf

Heilbronn.

Beim Frontalzusammenstoß zweier Autos auf einer Landstraße im Landkreis Heilbronn sind fünf Menschen schwer verletzt worden. Eine 60-jährige Fahrerin sei vermutlich wegen eines Sekundenschlafs mit ihrem Wagen in den Gegenverkehr geraten und dort mit einem entgegenkommenden Pkw kollidiert. Darin saßen vier Menschen, darunter zwei Kinder. Sie wurden alle verletzt, ebenso die 60-Jährige. Die Landstraße war nach dem Unfall zwischen Happenbach und Unterheinriet stundenlang voll gesperrt. (dpa)

Gea 06.05.2019

Baum verfehlt Familie ganz knapp

Ettlingen.

Ein umgestürzter Baum hat eine Mutter und ihre beiden Kinder in Ettlingen (Kreis Karlsruhe) nur knapp verfehlt. Der Baum war umgekippt, nachdem ein Autofahrer mit seinem Wagen dagegen geprallt war, wie die Polizei mitteilte. Der 46 Jahre alte Mann war vermutlich in einen Sekundenschlaf gefallen und von der Fahrbahn abgekommen. Auf einer Wiese neben der Fahrbahn war zu dem Zeitpunkt eine 41-Jährige mit ihren 10 Jahre alten Zwillingen unterwegs – der Baum erwischte die Familie jedoch nur mit der Krone. Keiner der drei wurde bei dem Vorfall verletzt. Der Autofahrer erlitt leichte Verletzungen. (dpa)

Gea 16.08.2019

Kollision – Fahranfänger kracht in geparkte Autos

Unfall nach Sekundenschlaf

Walddorfhäslach.

Ein sogenannter Sekundenschlaf hat am frühen Mittwochmorgen zu einem Verkehrsunfall in Walddorfhäslach geführt, bei dem beträchtlicher Schaden entstanden ist. Ein 18-jähriger Autofahrer fuhr kurz nach 5:30 Uhr mit einem Opel auf dem Waldenbucher

Weg. Während der Fahrt war der junge Mann kurz eingeschlafen und mit seinem Auto nach links geraten.

Sein Wagen prallte gegen einen am gegenüberliegenden Fahrbahnrand geparkten VW, der noch gegen einen BMW geschoben wurde. Dieser kollidierte noch mit einem weiteren VW. Den Schaden an den vier Fahrzeugen schätzt die Polizei auf etwa 20 000 Euro. Der Pkw des Unfallverursachers sowie einer der VW mussten abgeschleppt werden. (Pol)

Gea 06.09.2019

Heftiger Unfall nach Sekundenschlaf

Römerstein.

Übermüdung und Alkoholgenuss sind die Ursachen eines heftigen Verkehrsunfalls, der sich am Donnerstag auf der B 465 ereignete. Ein 78-jähriger fuhr um 14:45 Uhr mit seinem Suzuki auf der Bundesstraße von Gutenberg her kommend. Kurz nach der Abzweigung in Richtung Böhringen geriet der Fahrer wegen eines Sekundenschlafs auf die Gegenfahrbahn. Dort stieß sein Wagen mit dem Skoda einer 50 Jahre alten Frau zusammen. Das Fahrzeug des Unfallverursachers kam nach dem Aufprall von der Straße ab und blieb in einem Feld stehen. Das Auto der Frau drehte sich mehrfach, kam jedoch auf ihrer Fahrbahn zum Stehen. Bei der Unfallaufnahme stellten die Beamten fest, dass der Suzuki-Fahrer leicht unter Alkohol stand. Nach einer Blutentnahme musste er seinen

Führerschein abgeben. Die beiden Unfallbeteiligten zogen sich leichte Verletzungen zu, sie wurden vom Rettungsdienst vor Ort versorgt. An den Autos entstand wirtschaftlicher Totalschaden in einer Gesamthöhe von rund 18 000 Euro. Sie mussten abgeschleppt werden. (pol)

Gea 07.09.2019

Am Steuer eingeschlafen

Reutlingen.

Offenbar aufgrund Sekundenschlafs hat sich am frühen Dienstagmorgen in der Konrad-Adenauer-Straße ein Verkehrsunfall mit rund 10 000 Euro Sachschaden ereignet. Gegen 4:40 Uhr war ein 18-jähriger Golf-Lenker von der B28 kommend in Richtung Stadtmitte unterwegs. Kurz vor einer Linkskurve schlief der junge Mann den bisherigen Ermittlungen zufolge kurz ein und geriet mit seinem Wagen auf die Gegenfahrspur. Zwei Fußgänger mussten dem heranfahrenden Pkw ausweichen. Der Wagen des Unfallverursachers wurde infolge eines Totalschadens von einem Abschleppunternehmen abtransportiert. (rw)

Reutlinger Wochenblatt 12.09.2019

Eingenickt und draufgekracht

Reutlingen.

Ein Autofahrer war am Mittwoch um 6:45 Uhr mit seinem Skoda auf der Bismarckstraße unterwegs, als er seinen Angaben zufolge kurz einnickte und im Bereich der Einmündung Burgstraße auf gerader Strecke nach links von der Fahrbahn abkam. Dort knallte er ungebremst ins Heck eines geparkten Seats Durch die Wucht des Aufpralls wurde der Seat auf einen VW Golf und dieser wiederum über den Gehweg auf eine Grundstücksmauer geschoben. Der Sachschaden wird auf mindestens 13 000 Euro geschätzt. (pol)

Gea 24.09.2019

Übermüdet mit Baum kollidiert

Bad Urach.

Sekundenschlaf dürfte den ersten polizeilichen Ermittlungen zufolge die Ursache für einen Verkehrsunfall am Donnerstagnachmittag gewesen sein, bei dem ein Auto mit einem Baum zusammengestoßen ist. Ein 62 Jahre alter Mann am Steuer eines Nissan Micra fuhr gegen 14:45 Uhr die übersichtliche und gerade verlaufende Stuttgarter Straße in Richtung Stadtmitte entlang. Auf Höhe der Einmündung des Prof.-Carl-Fischer-Wegs kam er wohl aufgrund Übermüdung mit seinem Wagen nach rechts von der

Straße ab, überfuhr ein Sträucherbeet und prallte gegen einen Baum. Durch die Kollision wurde das Fahrzeug zurückgeschleudert und kam quer auf der Fahrbahn zum Stillstand. Der 62-Jährige wurde mit Verletzungen noch unbekannten Ausmaßes ins Krankenhaus gebracht. Sein Pkw, an dem ein Schaden in Höhe von schätzungsweise 4 000 Euro entstanden war, wurde abgeschleppt. (pol)

Gea 27.09.2019

Witziges, humorvolles ums „Zäpfle" und Schnarcher und was so alles vorkommt, Apnoiker inbegriffen.

Veröffentlicht im Reutlinger Generalanzeiger am 6. Februar 2019, Rubrik „Schwätz schwäbisch".

Wenn oims´s Zäpfle nagoht

Anderswo, außerhalb unseres schönen Landes, "machet se en d`Hos, hend Hose voll – oder glei verschissa". Sie haben Schiss und lauter so unappetitliche Sachen: Bei uns „goht de Leit oifach bloß s`Zäpfle na".

Damit wäre mal wieder bewiesen, wie brav und letztlich doch – sprachlich – vornehm und elegant und gar nicht vulgär wir uns ausdrücken, wenn wir jemanden beschreiben, der Angst bekommen hat, der sich plötzlich vor etwas fürchtet, dem die „Traude" (das ist keine Dame, sondern das Selbst-Vertrauen) abhandengekommen ist und so weiter.

Was aber ist das „Zäpfle"? Fans einer badischen Brauerei – diese hat tatsächlich, für Badener, etwas Ordentliches abgeliefert, kein „WC-Pils" oder Ähnliches – merken hier auf. Aber dies ist mit unserem

„Zäpfle" nicht gemeint, das „Tannazäpfle", was „a Bierfläschle halt isch".

Unser „Zäpfle" hat auch die Form eines Tannenzapfens, also das, was Tannenbäume als Früchte produzieren – durchaus ein Hinweis darauf, was gemeint ist: „A Zäpfle" ist ein länglicher, konischer, also nach unten spitz zulaufender Gegenstand. Gern aus Holz, man braucht so etwas beispielsweise um ein Fass zu verschließen. „Zäpfla" braucht man beim Bauen mit Holz, da wird so manches „verzapft", was übrigens auch ein Wort fürs „Schwätza" ist.

Sitzt ein Schreiber vor einem leeren Blatt und muss bald etwas liefern, um sein Leben fristen zu können, und es fällt ihm nichts ein, dann fällt „em`s Zäpfle na".

So manch einer auf Freiersfüßen, ob als Wunschgatte oder als Freier, der plötzlich vor der aufgedonnerten Angebeteten steht und sich nicht mehr traut, dem ist auch „,`s Zäpfle na".

Damit hätten wir auch endlich einen klaren Hinweis, um was es sich bei der Redensart tatsächlich handelt. Kindern, Nichtschwaben und anderen Naivlingen erzählt man ja gern, beim „Zäpfle, das oim nagoht", handele es sich um das Gaumenzäpfchen. Wohl weil man beobachtet hat, dass Angsthasen auch erst mal kräftig schlucken müssen.

Aber alles Quatsch: Beim „Zapfa" – oder meist eher zärtlich ausgesprochen – „Zäpfle", handelt es sich um ein anderes, etwas weiter unten angebrachtes Körperteil. Das ist in der Idealform auch länglich und etwas konisch zulaufend und das kann – im Gegensatz zum „Gaumazäpfle", das ja schon immer „ronterhängt, „oim auch wirklich naganga, wenn`s oim grad mol standa soll". Dafür gibt es auch das Wort „Spitzle". Wenn nun dagegen argumentiert wird, auch dem weiblichen Schwaben könne mal „s Zäpfle naganga (Spitzle aber net!)", dann gilt „des drotzdem". (tb)

Gea 06.02.2019 SCHWÄTZ SCHWÄBISCH

Bericht aus „bleib gesund" unter der Rubrik „plus". Medizin und Fortschritt-Forschung Autor mit Kürzel „nb".

Fortschritt Schnarch en im Griff

Ab dem 60. Lebensjahr schnarcht die Hälfte aller Männer und Frauen regelmäßig.

FORSCHUNG. Wenn die Lichter ausgehen, ist es in vielen Schlafzimmern bald mit der Ruhe vorbei. Es wird gesägt, dass die Wände wackeln – und der Partner keinen Schlaf findet. In manchen Fällen kann das nächtliche Solo sogar gefährlich werden. Was also hilft?

Die Augen geschlossen, der Mund offen, jeder Atemzug wird von einem eindringlichen Ton begleitet. Und jedesmal wird es ein bisschen lauter. Sanftes Schütteln, eindringliches Zureden, sogar das Zuhalten der Nase oder noch rabiatere Methoden – das alles nützt gar nichts. Ist der Schnarcher erst einmal in Fahrt, kann ihn nichts mehr stoppen. Das wissen vor allem Partnerinnen schnarchender Männer. Denn Frauen haben von Natur aus einen leichteren Schlaf, um auf die kleinste Regung ihrer Kinder reagieren zu können. Das heißt jedoch nicht, dass Frauen nicht auch ein hörenswertes nächtliches Konzert anstimmen können. Im Gegenteil: Nach den Wechseljahren schnarcht die Hälfte der Frauen. Bei den Männern schläft ebenfalls jeder Zweite lautstark. Jedoch sind hier alle Altersgruppen betroffen. S c h n a r c h e n an sich ist ungefährlich. Aber der Schlaf ist nicht mehr so erholsam, wie er sein sollte. Auch der des Partners nicht. Denn selbst wenn er vom Konzert im Schlafzimmer kaum noch aufwacht, bewirken die Töne, dass der Schlaf immer wieder kurz unterbrochen wird. Mediziner nennen das Fragmentierung des Schlafes und haben festgestellt: Auch wenn die Nachtruhe leicht gestört wird, das aber über einen längeren Zeitraum, ist man am Tag müde. Und wer nicht ausgeruht ist, lebt mit einem höheren Unfallrisiko – ob im Straßenverkehr, auf der Arbeit oder im Haushalt. Ohrstöpsel oder getrennte Schlafzimmer sind oft die letzte Rettung. Wer damit aber auf Dauer nicht leben möchte, sollte nach den Ursachen für den Krawall in der Nacht suchen.

Übergewicht als Risikofaktor

Besonders häufig sind Übergewicht und Alkoholgenuss vor dem Schlafen gehen schuld. Auch die falsche Schlafposition, schweres Essen zu später Stunde, wenig Bewegung oder eine weiche Matratze können das Schnarchen begünstigen. Scheiden all diese Gründe aus, sollte man den Arzt um Rat fragen. In manchen Fällen hilft eine Aufbiss-Schiene. Sie wird vom Zahnarzt angepasst und zieht Unterkiefer und Zungenmuskel nach vorne. Das ist sinnvoll, wenn der Unterkiefer etwas zurückgesetzt ist, was bei besonders starken Schnarchern häufig der Fall ist. Unter Umständen wird der Arzt auch an ein Schlaflabor überweisen, denn dort stehen alle Mittel zur Verfügung, den Schlaf zu erforschen. Besonders, wenn man sich über lange Zeit abgeschlagen fühlt, jedoch glaubt, gut zu schlafen, ist es ratsam, den eigenen Schlaf genauer unter die Lupe nehmen zu lassen. Denn mit der Steigerung des Schnarchens, der so genannten Schlaf-Apnoe, ist keineswegs zu spaßen. Anzeichen für eine Apnoe sind längere Atem-Aussetzer. Das Schnarchen macht dann einige Sekunden Pause und setzt plötzlich und sehr laut wieder ein. Kommen diese Aussetzer mehr als zehn Mal pro Stunde im Schlaf vor, spricht man von einer Schlaf-Apnoe, die unbedingt ärztlich behandelt werden muss.

Apnoe: atemlose Stille

Die Folgen können gravierend sein. Sie reichen von überhöhtem Blutdruck über den Verlust des sexuellen Verlangens und Potenzstörungen bis hin zu Atemnot und Herzrasen. Besonders schlimm wird es, wenn der Betroffene ohne ersichtlichen Grund während der Arbeit oder beim Autofahren einschläft. Dann sollte in jedem Fall sofort der Arzt um Rat gefragt werden. Vier Prozent aller Männer und zwei Prozent der Frauen leiden unter dieser Krankheit. Grund für die unfreiwilligen Atempausen: Die Atemmuskulatur am Hals verliert ihre Spannung, fällt in sich zusammen und blockiert den Luftstrom. Lagert am Hals viel Fettgewebe, wird dieser Vorgang noch verstärkt. Warnsignale können neben ständiger Müdigkeit auch morgendliche Kopfschmerzen, allgemeine Abgeschlagenheit und

Gedächtnisstörungen sein. Ist man diesen Symptomen über längere Zeit ausgesetzt, sind sogar depressive Verstimmungen nicht selten. Manche Apnoiker erinnern sich am nächsten Tag an Albträume, in denen sie glaubten ersticken zu müssen.

Weniger Alkohol hilft oft schon

Wer unter einer Apnoe leidet, muss vor allem sein Übergewicht reduzieren und den Alkoholgenuss einschränken. Denn diese beiden Faktoren stellen das größte Risiko dar. So fanden Schlafmediziner heraus, dass bereits eine Verringerung des Halsumfanges um zwei bis drei Zentimeter die Symptome deutlich lindert. Zusätzlich können Hilfen wie Zahnschienen, Nasenpflaster oder Atemmasken die Gefahren einer Apnoe verringern.

Ob es sich um starkes Schnarchen oder eine Schlaf-Apnoe handelt – in den meisten Fällen kann man etwas gegen das nächtliche Sägekonzert unternehmen. Und der Umbau der Wohnung für getrennte Schlafzimmer lässt sich so vermeiden. *(nb)*

Gefahr erkannt, Gefahr gebannt.

Jahrelang war Dieter mein Stellvertreter und jahrelang war alles in Ordnung. Gemeinsam besuchten wir, die zweimal im Jahr stattfindenden Landesinnungsversammlungen, Handwerkermessen und sonstige Veranstaltungen. Doch in den letzten Jahren unserer Obermeistertätigkeit, fiel mir des Öfteren auf, dass Dieter immer mal wieder kurz einschlief und anschließend mit einem kurzen leichten, kleineren Schnarchton, verbunden mit einem Körperzuck aufwachte. Als das immer öfter vorkam, machte ich Dieter darauf aufmerksam, zum Arzt zu gehen um festzustellen ob er Apnoe hätte. Dieter wusste zu diesem Zeitpunkt ja nicht was Apnoe bedeutet. Ich erklärte es ihm mit kurzen Worten. Von Dieters Frau wusste ich, dass er bei Nacht sehr stark schnarchte, einmal leiser werdend, in eine Piano übergehend und dann mit Fortissimo lautstark weiter schnarchte. Anfangs ignorierte Dieter meine Sorge um sein eindösen während der Versammlungen und meine Aufforderung zum Arzt zu gehen. Zur Einsicht kam Dieter erst, als er mit seinem PKW mit Anhänger zwischen Eningen und Reutlingen, bei Tag, auf einen vor ihm haltenden PKW aufgefahren ist. Da ist ihm ein Licht aufgegangen, dass meine Sorge berechtigt sein könnte, dass er unter Umständen an Apnoe oder Sekundenschlaf leide. Dieter ging zum Arzt Dr. Dettweiler (inzwischen verstorben) und wurde ins Schlaflabor einbestellt. Schon in der ersten Nacht wurde bei Dieter Apnoe festgestellt und sofort erhielt er ein CPAP Gerät. In der Folgezeit war Dieter fit, er döste nicht mehr ein und ich dachte schon, ob ich mit meiner Vermutung wohl falsch lag und Dieter einfach von der täglichen harten Arbeit übermüdet war. Doch eines Tages bedankte sich Dieter bei mir, für den Rat zum Arzt zu gehen um festzustellen ob er Apnoe habe. Seine Frau erzählte dann folgende Begebenheit: Der Zeitungsausträger der immer um 5:00 Uhr morgens den Reutlinger Generalanzeiger austrägt, hörte jahrelang durch das gekippte Schlafzimmerfenster wie Dieter schnarchte und wie man so sagt: „Der sägt bei Nacht einen ganzen Wald um". Dieser Zeitungsausträger traf eines Tages Dieters Frau und fragte sie: „Ist denn Dieter verstorben, er habe ja auch nichts in der Zeitung gelesen, er frage nur weil er in der Frühe beim Austragen der Zeitung schon drei Wochen kein lautes Schnarchen aus dem gekippten Schlafzimmerfenster höre und er den Tod von Dieter , samt Traueranzeige wohl nicht mitbekommen habe". Dieters Frau klärte den Austräger auf, dass Dieter wohlauf und bei bester Gesundheit sei. Ja so schnell kann oftmals aus Unkenntnis jemand zu den Toten gezählt werden, doch ein Sprichwort sagt: „Totgesagte leben länger". In der Zwischenzeit, hat durch Dieters und meine positiven Erzählungen, dass wir bei Nacht nicht mehr schnarchen und tagsüber „fit wie Turnschuh" seien, auch Hermann ein Kollege, ein CPAP Gerät. So wurden drei laute Schnarcher zu ruhigen leisen Schläfern, zur Freude unserer Frauen. Wir drei Ehepaare treffen uns alle zwei Monate, fahren einmal im Jahr in einen gemeinsamen Urlaub und wir hoffen noch viele gemeinsame Jahre eine schnarchlose und glückliche Zeit miteinander erleben zu dürfen.

Drei Apnoiker- Ehepaare auf der Burg Ortenberg bei Gengenbach, badisches Märchenschloß.

Achtung!! Falsche Stecker, falscher Strom

Vor Überraschungen ist man nie sicher, vor allem wenn die heimatlichen Gefilde verlassen werden. Vorfreude auf den Urlaub, am Urlaubsort angekommen, die Stimmung kann ganz schnell in Sorge und Enttäuschung übergehen, vor allem wenn du für dein CPAP Gerät, keinen passenden Stecker für die Steckdose hast. Wir in Deutschland haben fast überall „Schuko Steckdosen". In anderen europäischen Ländern ist das nicht der Fall. England hat andere wie Frankreich, Italien hat andere wie Spanien, Westeuropa hat andere wie Osteuropa.

Verschiedene internationale Stecker

Unbedingt bei Auslandsreisen, den passenden Stecker zur Stromversorgung des CPAP Gerätes besorgen, am besten einen Adapter der in mehreren Ländern benützt werden kann.

Von einem besonderen Problem möchte ich warnen: Vorher am Urlaubsort anfragen, ob in der Ferienwohnung Strom und was für Strom vorhanden ist. Folgende Situation habe ich im Urlaub erlebt: In Spanien ist alles möglich, wenn es um den Bau von Finkas und Häusern geht. Mitten in den Orangenanlagen wird einfach ohne Genehmigung mit dem Bau eines Hauses angefangen. Ist das Haus fertig, meldet man die Fertigstellung an, zahlt dann eine Strafe für das bauen ohne Genehmigung, die dann meistens in gleicher Höhe ist wie die Baugenehmigung. Jeder kann seine Finka bauen wie er will, alles geht danach viel schneller und der Bauherr hat kein Problem, falsch gebaut zu haben, denn in Spanien gibt es ein Gesetz „Wohnraum darf nicht abgerissen werden". In solch einem Haus das zwar fertig und bewohnt war, haben wir eine Ferienwohnung bezogen. Was wir leider nicht wussten, das Haus war von der Behörde noch nicht abgenommen worden und ein Haus, dass noch nicht abgenommen ist, bekommt auch keinen Stromanschluss. Um das Haus zu bewohnen, war hinter dem Haus eine riesige Solaranlage zur Warmwassergewinnung, um Pumpen, Licht und Elektrogeräte benutzen zu können, wurde der Strom mit einem riesigen, mit Dieselöl betriebenen Stromagregat erzeugt. Dieses Monstergerät war für mein CPAP Gerät das Problem, weil es Gleichstrom produzierte und mein Gerät nur mit Wechselstrom lief. Dazu kam noch, das Stromagregat wurde bei Nacht abgeschaltet. Im Urlaub wieder schnarchende Nächte mit Atemstillständen zu verbringen, tagsüber wieder „hundemüde" zu sein, war gerade keine erholsame Aussicht auf die vor mir liegenden Wochen.

Jeden Tag musste am Dieselaggregat das Gleichstrom erzeugte Getriebeöl gewechselt werden.

Eine Lösung musste gefunden werden um mein CPAP Gerät in den kommenden Urlaubsnächten benutzen zu können. Eine Lösung schwebte in meinem Kopf, ob diese Lösung zum Erfolg werden würde, ich wusste es im Moment noch nicht. Ich fuhr nach Denia in eine größere mechanische Autowerkstätte in der Innenstadt, zu der auch noch ein größeres Elektrogeschäft gehörte. Als erstes kaufte ich eine 12 Volt starke Autobatterie, ein Ladekabel um die Batterie aufzuladen, dazu einen Umwandler der Gleichstrom von der Batterie in Wechselstrom umwandelte und der einen Anschluss hatte um mein Adapter einzustecken, in den dann mein Stecker des

CPAP Gerätes passte. Das hinter dem Haus stehende Stromagregat hat dann tagsüber über das unter Strom stehende Hausnetz, meine Batterie aufgeladen. Für die Nacht sorgte dann der Umwandler von der mit Gleichstrom aufgeladenen Batterie, für Wechselstrom für mein CPAP Gerät. Das war alles recht und gut, wenn nicht der Umwandler getackert hätte und einen Krach wie ein Maschinengewehr gemacht hätte. Bei diesem Geknatter war es unmöglich für mich und meine Frau einzuschlafen. Das war wieder ein neues Problem. Zum Glück lagen hinter dem Haus viele Betonsteine. Von denen holte ich so viele bis ich eine doppeldicke Mauer um die in der Ecke stehende Batterie und den Umwandler aufgeschichtet hatte. Oben auf legte ich zwei Bretter auf die ich ebenfalls Betonsteine legte. Darüber kamen noch zwei schwere dicke Teppiche. Hinter dieser Schallschutzmauer tackerte und knatterte der Umwandler die ganze Nacht fast lautlos, bis morgens immer zwischen 8:00 - 9:00 Uhr . Dann versagte die Batterie ihren Dienst, weil der gespeicherte Strom zu Ende war. Das war ein kleiner Vorteil, denn wenn das CPAP Gerät mir keine Luft mehr lieferte, bin ich immer zwischen 8:00 - 9:00 Uhr aufgewacht. Ein weiteres Gluck war, dass die tagsüber aufgeladene Batterie immer die ganze Nacht bis morgens zur Stromversorgung reichte. Der Urlaub, die Nachtruhe war gerettet, doch was tut man alles für die Frau die neben einem liegt um sie zufrieden zu stellen.

Apnoe zu spät erkannt

Ich war noch berufstätig, benutzte aber schon 10 Jahre ein CPAP Gerät, als ich in Reutlingen einen Auftrag erhielt. Das Aufmaß machte ich immer selbst. Als ich an der Klingel läutete, öffnete mir eine Frau, so um die 55 Jahre, die Haustüre. Die Maßaufnahme dauerte ungefähr eine halbe Stunde. Bevor ich mich verabschiedete, fragte ich die Frau, ob sie einen Trauerfall in der Familie habe, denn die Frau war schwarz gekleidet. Es wäre besser gewesen, ich hätte nicht gefragt, weil die Frau sofort mit weinen anfing. Ich konnte mich jetzt nicht mehr verabschieden, weil ich ja eine Frage an die Frau gestellt habe. Es musste schon ein naher Bekannter sein, wenn der Frau das so nahe ging. Als die Frau sich wieder gefasst hatte und die Tränen und das Weinen aufgehört hatten, hat sie mir folgendes erzählt: "Schon 30 Jahre seien sie und ihr Mann glücklich verheiratet. Vor 20 Jahren hätte ihr Mann angefangen zu schnarchen, das in den letzten Jahren immer schlimmer wurde. Das schlimmste war, das Schnarchen hörte plötzlich auf und eine totale Ruhe sei eingekehrt, ich bin dann auch immer wieder eingeschlafen, doch plötzlich an sehr lauten Schnarchtönen wieder aufgewacht. Ja mein Mann schnarchte wieder weiter bis wieder Stille eingekehrt sei. Dieser Wechselrhythmus, laut, leise, einschlafen, aufgeweckt zu werden, haben mich bei Nacht nicht mehr zur Ruhe gebracht. Ich war morgens nicht ausgeschlafen und schon sehr müde und mein Mann noch viel müder als ich, auch weil er des Nachts mehrere Male die Toilette aufsuchen musste. Dieser Zustand war kein Dauerzustand. Wir haben dann beschlossen, dass mein Mann im Gästezimmer schläft, damit wir uns in der Nacht nicht mehr stören und jeder seinen Schlaf und seine Ruhe findet. Im Laufe der Zeit wurde mein Mann tagsüber immer müder. Eines Tages bekam mein Mann eine leichte Grippe, er suchte den Hausarzt auf, der ihm Antibiotika verschrieb und gleichzeitig einen sehr hohen Blutdruck feststellte. Vom Arzt wurde mein Mann krankgeschrieben. Nach vierzehn Tagen hatte er die leichte Grippe überstanden, nahm seine Tätigkeit im Betrieb wieder auf, jedoch sein Blutdruck war noch nicht in Ordnung. Von Woche zu Woche wurde mein Mann müder, abends ging er wegen der Müdigkeit immer sehr früh ins Bett um am anderen Tag wieder fit zu sein". Ich ließ die Frau erzählen, innerlich dachte ich das war die gleiche Leidenszeit die ich hinter mir hatte. Doch jetzt fing die Frau wieder an zu weinen und unter Tränen sagte sie mir: „Eines morgens kam mein Mann nicht aus dem Gästezimmer zum Frühstück. Als ich nachschaute, warum er nicht aufgestanden ist, habe ich ihn tot im Bett aufgefunden. Lautlos und still hat er mich verlassen. Ich machte mir jetzt Vorwürfe wegen des getrennten Schlafes, vielleicht hätte ich ihm noch helfen können, wenn wir nebeneinander gelegen hätten.

Der Hausarzt hat ihr gesagt: „Dein Mann hat in der Nacht einen sehr starken Schlaganfall gehabt, an dem er gestorben ist, er musste nicht leiden, er hatte keine Schmerzen, er hörte einfach auf zu atmen". Das hat mich dann etwas beruhigt, dass er keine große Leidenszeit hatte". Ich wünschte der Frau dann viel Kraft um das Alleinsein zu ertragen und alles Gute und Gesundheit in der Zukunft". Ich legte noch mit der Frau den Montagezeitpunkt fest, bevor ich mich verabschiedete. Ganz genau wusste ich, was diesem Mann fehlte, er hatte Apnoe im höchsten Grad. Der Frau konnte ich das natürlich nicht sagen, sonst hätte sie dem Arzt noch

Vorwürfe gemacht. Hätte man die Apnoe früher erkannt, so wie in meinem Fall, wäre dieser Mann bestimmt heute noch am Leben.

Persönliche Scheckliste

(bitte nur 1 Feld ankreuzen)

20 Fragen: Zu Schnarchen, Müdigkeit und Schläfrigkeit

Frage 1.

Bin ich ein Schnarcher? Wie stuft mich meine Frau oder meine Lebensgefährte ein?

a ☐ Sehr starker   b ☐ mittelstarker   c ☐ leichter

Frage 2.

Wie oft muss ich Nachts zur Toilette?

a ☐ 3 mal   b ☐ 2 mal   c ☐ 1 mal

Frage 3.

Fühle ich mich morgens ausgeschlafen, oder könnte ich noch Weiterschlafen?

a ☐ könnte Weiterschlafen   c ☐ ausgeschlafen

Frage 4.

Fühle ich mich vormittags oder nachmittags schon müde?

a ☐ sehr müde   b ☐ leicht müde   c ☐ nicht müde

Frage 5.

Wenn ich abends Bier oder Wein trinke, schnarche ich dann bei Nacht stärker? (den Ehegatten fragen)

a ☐ viel stärker   b ☐ nicht stärker

Frage 6.

Bin ich vormittags im Büro oder bei der Arbeit öfters eingeschlafen (Kurzzeitig wenige Sek.)?

a ☐ 2 mal   b ☐ 1 mal   c ☐ gar nicht

Frage 7.

Bin ich nachmittags im Büro oder bei der Arbeit öfters eingeschlafen (Kurzzeitig wenige Sek.)?

a ☐ 2 mal   b ☐ 1 mal   c ☐ gar nicht

Frage 8.

Bin ich bei Tagungen, Versammlungen und Seminaren, kurz eingeschlafen?

a ☐ öfters   b ☐ selten   c ☐ gar nicht

Frage 9.

Hat mich mein Nebensitzer, des öfteren angestoßen, um nicht einzuschlafen?

a ☐ öfters   b ☐ selten   c ☐ gar nicht

Frage 10.

Bin ich tagsüber, im Büro, bei der Arbeit, im Bus, im Zug, in Veranstaltungen und Seminaren eingeschlafen, und bin ich beim ersten schnarchähnlichen Ton, von mir selbst, erschrocken und wieder aufgewacht?

a ☐ 1-2 mal   b ☐ gar nicht

Frage 11.

Wie oft konnte der Zustand von Frage 10 sich im Büro und bei Veranstaltungen pro Std. wiederholen?

a ☐ mehrmals   b ☐ 1-2 mal

Frage 12.

Bin ich bei Urlaubsreisen oder sonstigen längeren Autofahrten, auf Grund von Ermüdung fast eingeschlafen, Dauer des Schlafes 1-2 Sekunden?

a ☐ ja   b ☐ nein

Frage 13.

Wie viele Kilometer an einem Stück kann ich zurücklegen, ohne mit Müdigkeit oder Schläfrigkeit kämpfen zu müssen?

a ☐ 50 km   b ☐ 100 km   c ☐ 150 km

Frage 14.

Fahre ich im Auto gerne allein?

a ☐ Nicht allein   b ☐ allein

Frage 15.

Bin ich schon einmal kurz eine Sekunde eingeschlafen, und hatte das auch zu einem Unfall führen können.

a ☐ 2 mal   b ☐ 1 mal   c ☐ gar nicht

Frage 16.

Habe ich mir schon einmal Gedanken gemacht, woher meine Müdigkeit und Schläfrigkeit, tagsüber und bei Autofahrten kommt?

a ☐ ja   b ☐ nein

Frage 17.

Habe ich das Bedürfnis, wenn Müdigkeit und Schläfrigkeit, tagsüber oder bei Nachtfahrten mich überfällt, sofort einen Parkplatz aufzusuchen um eine Ruhepause einzulegen.

a ☐ ja   b ☐ nein

Frage 18.

Schlaf ich, wegen meiner Schnarcherei von meiner Ehefrau getrennt, in einem anderen Zimmer.

a ☐ getrennt   b ☐ nicht getrennt

Frage 19.

Habe ich hohe Blutdruckwerte.

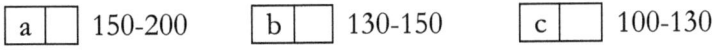

a ☐ 150-200   b ☐ 130-150   c ☐ 100-130

Frage 20.

Meine Frau und andere Bekannte sagen: Wenn ich schnarche, werde das Schnarchen immer leiser, bis ich oft 10-30 Sek. gar nicht mehr schnarche, um dann wieder mit gewaltigen lauten Schnarchtönen zu beginnen. Dieses Beginnen, dann aufhören, wieder beginnen, wiederhole sich laufend und finde die ganze Nacht und jede Nacht statt.

a ☐ ja, jede Nacht   b ☐ nein, nur vereinzelt

Ich ....frage mich,

Vorname, Name

bin ich gefährdet, Apnoe zu bekommen, zu haben und wie kann ich dazu beitragen es festzustellen.

Wenn ich meine „Persönliche Scheckliste", mit den 20 Fragen, bei jeder Frage nur 1 Feld ☐ angekreuzt habe, kann ich mit den täglichen Eintragungen in meinen „Persönlichen Aufzeichnungen" beginnen.

Ich beobachte mich 14 Tage. Täglich trage ich meine an mich gerichteten Fragen von Nr. 1-20 in die Tagespalte ein. (a,b oder c).

Beispiel

Tage	1.	2.	3.	4.	5.	6.	7.	8.	9.	10.	11.	12.	13.	14.
Frage 1	a	a	a	a	a	a	a	a	a	a	a	a	a	a
Frage 2	b													
Frage 3	a													
usw.														
Frage 10	b													
Frage 15	a													
Frage 18	a	a	a	a	a	a	a	a	a	a	a	a	a	a
usw.														

Jeden Tag die Fragen 1-20 neu beantworten. Frage 1. und 18. sind wahrscheinlich 14 Tage lang gleich.

„Meine persönlichen Aufzeichnungen"

Über einen Zeitraum von 14 Tagen (2 Wochen). Nur den Buchstaben des infrage kommenden Feldes eintragen. Bitte in das Tagesfeld a, b oder c eintragen.

Wenn Frage 10 - 15 während den 14 tägigen „persönlichen Aufzeichnungen" nicht vorkommt, dann tragen Sie bitte, den Erfahrungswert des letzten Vierteljahres, wenn es vorgekommen ist mit dem Buchstaben von der entsprechenden Fragenspalte (a, b oder c) in die tägliche Spalte ein.

Es können unter Umständen nicht alle Fragen persönlich beantwortet werden.

Durch Beobachtungen der Ehefrau/Freundin kann den Ehemann/Freund, beim Ausfüllen der „Persönlichen Scheckliste" und bei „Meine persönlichen Aufzeichnungen" geholfen werden.

Auch umgekehrt, der Mann/Freund der Frau/Freundin beim Ausfüllen, durch eigene Beobachtungen behilflich sein. In Ehrlichkeit und gegenseitigem Vertrauen, wird manche Frage gemeinsam beurteilt und beantwortet,

Tage	1.	2.	3.	4.	5.	6.	7.	8.	9.	10.	11.	12.	13.	14
Frage 1														
Frage 2														
Frage 3														
Frage 4														
Frage 5														
Frage 6														
Frage 7														
Frage 8														
Frage 9														
Frage 10														
Frage 11														
Frage 12														
Frage 13														
Frage 14														
Frage 15														
Frage 16														
Frage 17														
Frage 18														
Frage 19														
Frage 20														

Persönliche Auswertung
meiner eigenen Aufzeichnungen von 14 Tagen

a = [ ] Punkte, sehr stark gefährdet, sofort einen Arzt aufsuchen

b = [ ] Punkte, baldmöglichst einen Arzt aufsuchen

c = [ ] Punkte, in gewissen Zeitabständen die eigenen Aufzeichnungen wiederholen und bei Erhöhung der „a Punkte" den Arzt aufsuchen.

Unverbindliche Empfehlung der Auswertung

Bei 180 – 280 Punkte = sehr stark gefährdet
Bei 100 – 179 Punkte = stark gefährdet
Bei   1 - 99 Punkte = leicht gefährdet

„Vorbeugen ist besser als heilen" deshalb mein Rat, ob leicht oder stark gefährdet den Arzt aufsuchen. Wenn „Apnoe" festgestellt wird, gibt es heute viele Möglichkeiten, Linderung und Abhilfe herbei zu führen.

Ende gut, alles gut

Als nach jahrzehnter langer Ungewissheit, die Ursache für die Müdigkeit und das Schnarchen gefunden wurde, begann für mich eine Zeit der Erneuerung von Geist, Seele und Leib. Jeder neue Tag war ein Erlebnis, jeden Morgen ausgeschlafen, gestärkt und ohne Müdigkeit , freudig an die Arbeit gehen zu können, war für mich wie neugeboren. Seit fast 30 Jahren ist mein nächtlicher Begleiter, Beschützer und Verhinderer von Schnarchen und Atemstillständen das CPAP Gerät. Jede Nacht im Durchschnitt von 8 Stunden, ergibt 87600 Stunden, hat das CPAP Gerät zu meiner Gesunderhaltung beigetragen. Die ersten Geräte kosteten ungefähr 6000.- DM und weil die Krankheit Apnoe noch nicht lange bekannt war, wollte meine Krankenkasse das CPAP-Gerät nicht bezahlen. In der Zwischenzeit hatte ich schon mehrere Geräte, die auch immer kleiner und handlicher wurden, in Gebrauch. Auch die Krankenkassen übernehmen die Kosten von zur Zeit ungefähr 400 - 600 Euro jährlich. Ohne CPAP Gerät hätte ich wahrscheinlich schon längst das Zeitliche beendet. Deshalb gilt mein Dank an die ärztliche Forschung und Wissenschaft, an die Techniker der Herstellungsbetriebe, sowie an die Ärzte und Institutionen, die in den Schlaflaboren beigetragen haben die Apnoe festzustellen. Im Nachhinein bedanke ich mich auch bei meiner Familie und Freunden, die mein jahrzehntelanges Schnarchen ertragen haben.

Ganz besonders möchte ich darauf hinweisen, dass es sich bei den Geschichten um meine persönlichen Erlebnisse in den letzten 70 Jahren handelt.

Bei den Zeitungsberichten über Methoden zur Linderung der Apnoe, von Ärzten, Forschern und Kliniken, enthalte ich mich jeglicher Empfehlung. Ein jeder Apnoiker kann, in Verbindung mit ärztlicher Behandlung eine Methode oder ein Gerät, nach ärztlicher Empfehlung auswählen. Über positive oder negative Auswirkungen der verschiedenen Methoden enthalte ich mich, in allen Fällen ist der Rat der Fachärzte für Apnoe zu befolgen. Meine „persönliche Scheckliste" und meine „persönliche Auswertung" ist eine von mir empfohlene Vorgehensweise und für viele Schnarcher eine Hilfe, den Anbeginn der Apnoe zu erkennen und sich in ärztliche Behandlung zu begeben.

Alle Schnarchern, die sich durch meine Leidensgeschichten angesprochen fühlen, möchte ich den wohlgemeinten Rat geben, sich in ärztliche Behandlung zu begeben. Jedem Apnoiker, wünsche ich, mit welchem Gerät auch immer, die Wiedererlangung seiner Gesundheit, ein glückliches Familienleben und viel Freude und Erfolg in der Zukunft.

Reutlingen im Jahr 2020
Werner Steimle-Gruner

Weitere Bücher von Werner Steimle-Gruner

Des Menschen Hirn ist wie Computer .
Denk nach, schalt ein, dann tut er.

Vergangenheit darf nicht vergessen werden, Vergangenheit muss erhalten bleiben, damit aus Fehlern die gemacht wurden, Einsicht und ein besseres Verhalten für die Zukunft gestaltet werden kann. Kindheitserlebnisse während des Krieges 1939-1945. Schulerlebnisse, Begebenheiten während der braunen Diktatorenzeit, Beendigung des Krieges, danach französische Besatzungszeit und Beginn eines neuen Zeitabschnitt, ohne Angst und nächtliche Stunden im Keller. Der Aufschwung begann langsam, unter der Reichsmark war der Handel mit Naturprodukten wichtiger als die Bezahlung. Ab 1948 mit Einführung der DM (Kopfgeld 48.00 DM) setzte das Wirtschaftswunder ein. Betriebliche Erlebnisse mit Mitarbeitern, die Entwicklung des Betriebes vom Leuteschinder (Handwagen) zum Auto, Erlebnisse in Vereinen, in der Familie. Erinnerungen an Urlaubs-, Geburts- und Hochzeitstagen, aufgeschrieben wie die Gedanken es wieder zum Vorschein brachten. Ob negative oder positive Erlebnisse, alles durcheinandergewürfelt zu einem interessanten Potpourri aus der Vergangenheit.

Werner Steimle-Gruner

Des Menschen Hirn ist wie Computer. Denk nach, schalt ein, dann tut er.

Erinnerungen und Erlebnisse eines Handwerkers

Autobiografie

ISBN: 978-3-95630-305-0

Lieferung und Bestellung einsehbar über das Internet
www.steimle-zeiterfassung.de

Erinnere Dich, schreib auf, wies war.
Vergiss es nicht, von Jahr zu Jahr.

Von interessanten, lustigen, freudigen und traurigen Erlebnissen wird berichtet. Wenn Sirenen heulen, ist es die Polizei, der Krankenwagen oder die Feuerwehr. Alle sind sie hilfebringend für die Bevölkerung unterwegs. Zurückschauend auf die Jahre 1939-1945, was waren das für Sirenen? Sirenen die einen vorwarnten, Sirenen die Vernichtung ankündigten, Sirenen die Angst, Schrecken, Leid und Tod mit sich brachten. Erinnerungen an die letzten Kriegstage, Kriegsende, Gefangenschaft und Heimkehr. Spielereien in der Kindheit, das Leben der Großeltern und die Jahre nach dem Krieg, Erntezeiten und Ährenlesen, die Aufzucht von Hühnern und einem Turmfalken. Interessantes aus der Lehrzeit, Jugendzeit, sowie Begebenheiten nach der Hochzeit und von Urlaubsfahrten. Erlebnisse mit Freunden, Nachbarn und Bekannten. Geschehnisse während Lehrfahrten und Seminaren. Manches was geschehen ist, sollte nicht wiederholt werden, manches war nicht gut, nicht nachahmenswert. Viele Erinnerungen, aufgeschrieben wie es war, ein Rückblick auf gute und weniger gute Tage, um daraus in der Zukunft zu lernen, Gutes zu tun und weniger Gutes zu lassen.

Werner Steimle-Gruner

Erinnere Dich, schreib auf, wies war.
Vergiss es nicht, von Jahr zu Jahr.

Erinnerungen und Erlebnisse eines Handwerkers

Autobiografie

ISBN: 978-3-94683-727-5

Lieferung und Bestellung einsehbar über das Internet
www.steimle-zeiterfassung.de

Lehrbuch Zeiterfassung und Betriebsführung

Der Büchermarkt scheint gesättigt mit Lehrbüchern zur Betriebswirtschaft bzw. zur Zeiterfassung. Deshalb stellt sich die Frage der Notwendigkeit eines weiteren Lehrbuchs auf dem Gebiet der Zeiterfassung. Das Gebiet der "Zeiterfassung" ist in den Lehrplänen und den Prüfungsordnungen deutscher Meisterschulen sowie in den Ausbildungsgängen zum Betriebswirt stark unterrepräsentiert. Der zu geringe Stundenumfang hinterlässt häufig beträchtliche Wissenslücken, die beim Übergang in die Selbständigkeit oder Berufspraxis mit besonders empfindlichen Konsequenzen verbunden sind.

Die Entwicklungen im Handwerk machen eine intensive Beschäftigung mit dem Gebiet der "Zeiterfassung" notwendig. Die Steigerung der Produktivität muss heute in jedem Betrieb wichtigstes Ziel sein. Die Produktivität basiert auf zwei Grundsäulen: zum einen auf der genauen Erfassung der Arbeitszeiten und zum anderen auf der Kontrolle der Betriebsentwicklung durch eine effektive Betriebsführung.

Dieses Lehrbuch zeigt dem Jungunternehmer und dem erfahrenen Unternehmer Möglichkeiten der Zeiterfassung und Chancen zur Produktivitätsverbesserung auf, indem altbewährte Technik mit neuesten Erkenntnissen verbunden wird. Das Beispiel des Egon Cleverle ist praxisnah gehalten, so dass dem Leser der Transfer in den eigenen Betrieb leichtfallen wird. Die Zeiterfassungs- und Kalkulationsmethoden sind einfach anzuwenden und haben sich in der Praxis bestens bewährt.

Dem Leser wünsche ich, dass er viele Anregungen finden wird und auch anwenden kann.

Die erste Auflage wurde jahrelang erfolgreich an Meisterschulen und Seminaren für Betriebswirte des Handwerks eingesetzt. Den Inhalt habe ich weiter ergänzt, überarbeitet und didaktisch verbessert.

Lieferung und Bestellung einsehbar über das Internet
www.steimle-zeiterfassung.de